Âme sœur

David-Marc d'Hamonville

Âme sœur

Fragments de vie intérieure

Albin Michel

À Jean-Samuel Grand,
ouvreur et passeur

Perdu la clé

Âme sœur, écoute…

Ce que je voudrais te faire entendre, ce n'est pas ce que je vais dire, mais ce que j'écoute moi-même de toutes mes oreilles.

Les mots les plus puissants ne sont pas ceux que l'on possède, que l'on tient, que l'on maîtrise, mais ceux qui adviennent « sur des pattes de colombe », troués de vent de partout et chargés de mystère. C'est pour avoir écouté et entendu de tels mots qu'une vie se laisse transformer, guérir parfois.

Je ne suis pas un conteur qui te tiendra en haleine des nuits et des jours. Tu ne seras pas captivée, pas le moins du monde capturée. Au contraire, puissent les paroles d'un frère te libérer, te délier, non par magie, par exorcisme ou sorcellerie, mais parce que tu voudras répondre, tout simplement. Et répondre par ta vie, en vivant de plus en plus, de mieux en mieux.

Âme sœur

Qu'est-ce donc que la vie ? Si je le savais, je te donnerais la clé, mais je l'ai perdue dès le commencement : le premier acte de mon entrée dans ce monde fut cette clé perdue, définitivement oubliée là-bas, où il faisait si beau, si bon vivre. Mais nous chercherons ensemble. Peut-être n'est-elle que là, la vie, maintenant : entre nous.

Âme sœur, veux-tu que nous distillions ensemble quelques paroles trouées de vent ? Nous irons d'abord les récolter par les champs et les bois, puis nous fabriquerons l'alambic ensemble, nous allumerons le feu, et patiemment, goutte à goutte, de la joie plein les yeux, nous regarderons fuser l'eau de vie.

Point de presse ! Assure bien ton projet ! Ne dévore pas le livre ! Non ! Voici la dose prescrite par le vieux grimoire pour une telle distillation : quelques pages à la fois, rien de trop. Respecte le mystère, aime-le, aime-moi, ne me dévore pas. Âme sœur, prenons le temps de l'aventure, prends-moi la main.

Endeuillé d'oubli

Je te l'ai dit hier : j'ai oublié.

Tout a commencé pour moi par l'oubli. Je ne faisais que dormir quand je suis né. J'ai lacéré de sommeil tout mon bonheur, ma nature divine, le beau vêtement de mes noces. Et je suis arrivé ici pauvre et nu, en lambeaux.

Toi aussi, tu es sans doute pauvre et nu. Sinon, tu n'aurais pas besoin d'aller chercher des mots, des paroles-rustines pour te réchauffer un peu, couvrir ta nudité. Toute la vie, on se couvre de mots, de grands mots pour se donner une contenance, de gros mots pour cacher ses peurs. Jusqu'au jour où l'on découvre la douceur d'un silence, la chaleur du silence.

Est-ce que les mots ne sont pas des trous dans la couverture de silence ?

Commence par aimer bien le silence, mon frère. Tu te rappelles ces après-midi de pêche, quand tu avais dix ans ? Il fallait du silence pour attraper les vairons, pour les voir revenir après le petit bruit du lancer, du bouchon, la petite onde concentrique qui courait sur l'eau. Moi, je n'avais aucune patience. Toi, tu étais silencieux, et moi, je prenais un bâton et j'agitais les algues. Je faisais le rabatteur, mais tous les poissons partaient terrorisés très loin de ta ligne.

Dans le silence, doucement, les poissons reviennent, la vie revient, l'oubli s'efface un peu, on s'éveille pour de bon.

Nous sommes arrivés dans la vie tout endeuillés d'oubli, sans rien savoir de l'héritage qui nous était laissé, promis. C'est petit à petit que nous l'avons découvert, syllabe par syllabe, mot après mot, transmis à la petite cuiller, à mesure de notre faim, de notre appétit d'apprendre. Sais-tu ce qu'il en est de cet héritage ? Il est presque infini, c'est le plus long et le plus beau des voyages : il te conduira au pays où tu te souviendras combien tu as été aimé.

Le désir et le téléphérique

Âme sœur, sais-tu que ton âme se nourrit de sa faim ?

L'engrais ne lui vaut rien. Une âme rassasiée s'oublie, s'endort.

Choisis donc le grand désir, celui qui t'aidera à voir pour ce qu'ils sont tous les petits désirs, les convoitises minuscules qui se consomment et nous enivrent un instant, mais bientôt nous font marcher comme un troupeau somnambule, docile à la ration qui tombe quand on a mis la pièce.

Parfois le grand désir ne s'éveille que très tard. Parce que les petits désirs marchent bien, les promesses s'enchaînent sans trop de pauses pour mesurer le vide, la béance croissante. Cabine du téléphérique suspendue entre les pylônes, je croyais que le fil était solide, qu'il m'emmènerait au sommet. Arrivé à la première gare, j'ai vu les chaînes, énormes, sans échappatoire : elles tournent sur elles-mêmes, elles ne montent que pour redescendre.

À trente ans seulement est venu pour moi le moment du grand désir. J'avais aimé un peu, et je voyais bien que ce que j'aimais par-dessus tout, c'était aimer. Je désirais désirer, je désirais l'ivresse de la promesse, bien plus que les embarras de la consommation. Où était l'infini promis ?

Âme sœur, tu connais le diagnostic : hystérie !

Non, je t'assure. Rien de tel. Une grande paix plutôt, comme si j'avais crevé le plafond des nuages, dépassé toute la chaîne des sommets rivaux, aiguilles excitantes et dômes reposants, paysage changeant, très beau en effet, mais pour toujours pluriel. Tout cela m'était donné, acquis, non pas pour le posséder mais autrement, gracieusement, par la vertu de l'Un, du grand désir. Je commençais à devenir. Une graine minuscule en moi avait éclos, aurore d'un monde projetant sur l'autre monde une lumière nouvelle.

Une assiette de cerises

Comme il est difficile d'ordonner les petits désirs !

As-tu déjà mangé une assiette de cerises ?

As-tu déjà écouté cette curieuse question qui montait en toi : laquelle choisir ? croquer la plus belle tout de suite, ou la garder pour la fin ? Si tu gardes la plus belle pour la fin, tu ne mangeras jusqu'à la fin que la plus vilaine... Mange la plus belle tout de suite, tu ne mangeras jusqu'à la fin que la plus belle ! C'est ce que tu fais dans le cerisier, fais-le aussi dans l'assiette. Fais-le donc dans ta vie, quelles que soient ses limites, ne réserve rien pour la fin. Cette tentation de la réserve est un piège permanent : quand enfin tout sera prêt pour la grande fête, quand tu ouvriras ton coffre, tout sera moisi.

Ta vie est plus belle que tu le crois, âme sœur !

Âme sœur

Tu ne la trouves pas très intéressante parce que voilà longtemps que tu fais des réserves, tu croules même sous tes réserves, elles te préoccupent, elles te soucient. Tu ne vois pas que la plus belle des cerises est là, devant toi.

Ouvre les yeux, regarde, regarde la plus belle, elle est là.

Ah ! je comprends. Tu as vu la plus belle cerise là-bas, sur l'écran. Tu fais des réserves pour aller là-bas, un jour, la chercher.

Je ne peux plus rien pour toi.

Si tu vas là-bas, tu t'en vas, tu as quitté l'assiette. Tu es absent et tu veux des cerises absentes.

Aime la présence. Aime le vrai, le proche, le donné.

Ne jalouse rien ni personne.

Tu n'as qu'une vie, aime-la tout de suite et de tout près. Approche-toi encore, ouvre les yeux.

Le voile de tulle

Je me demande ce qui te bouche le regard comme ça, ce qui t'empêche si souvent d'être là tout entier, tout pleinement, tout bonhomme, vraiment un, même quand tu quittes l'écran, même sans portable.

Est-ce que ce ne serait pas le voile de tulle ?

Mais si, tu sais très bien de quoi je parle !

La grille mathématique, le calcul. Oh ! ce n'est pas une affaire de savants, c'est une affaire de tout le monde et de tous les jours : les nombres, la saga des chiffres et des nombres, le grand défilement incessant de tout ce qui calcule en nous, autour de nous, si près de nous. Je m'en suis un peu douté : tu comptes les cerises au lieu de les regarder.

Âme sœur, si tu mets ta joie dans le comptage, le grillage va s'épaissir devant tes yeux. Tu verras les choses du monde, mais tu ne verras plus qu'elles sont belles, et, sache-le, tu ne verras plus les personnes. Car toute personne est Unique absolument. Chaque fois que tu comptes des personnes, tu en fais tristement des choses, et c'est un blasphème déjà.

Moi aussi, je compte beaucoup trop souvent. Puis-je faire autrement ? Voilà si longtemps que l'on s'est mis à compter, à calculer, à comparer les résultats. C'est humain.

Cherche à repousser les limites du voile, regarde-le sur la tranche : compte « Un, unique et merveilleux ! ». Regarde-le de très loin, très loin, « Infini, infini et merveilleux ! ».

Et si tu dis souvent « deux ou trois », tu es sur la bonne voie. Enchante-toi des étoiles, enchante-toi de l'innombrable, du sable au rivage des mers. Le promis est innombrable. N'aie pas peur de faire dérailler les chiffres, c'est la seule manière de secouer un peu le voile qui te cache la beauté du monde.

Le fil de l'araignée

Rappel à la raison. Tu me dis : « Ce livre n'avance pas très droit. » D'accord.

Tu me dis : « Le grand désir n'est pas la plus belle cerise. C'est d'un autre ordre. » D'accord.

« Tu mélanges tout ! » C'est vrai.

« Quelle prétention ! À quel titre veux-tu me donner tes bons conseils ? Enseigne-toi toi-même ! »

Mon frère, c'est bien cela que je veux faire ! Mais fais-moi la charité de m'écouter, le temps d'un livre.

Je ne veux pas tirer les ficelles, je voudrais tirer seulement un fil, comme fait l'araignée que tu vois d'un bond descendre du plafond, un fil de moi, un fil authentique que je tisserai à mesure, pour savoir ce que j'ai dans le ventre, et pour descendre, redescendre sur terre.

Âme sœur, as-tu fait un peu de peinture ? Rien de ce que l'on a dans la tête ne se fait sur la toile, tout est neuf en descendant sur terre, le voyage de la tête à la toile en passant par la main et par les yeux est plein de détours et d'imprévus. Il en va de même pour ce livre.

Si tu m'écoutes, je tisserai le fil patiemment, sans hâte, une nuit après l'autre, de ma propre chair. J'écouterai moi-même de toutes mes oreilles ce souffle qui murmure imperceptiblement. Plus que moi, il sait où il va, où je vais. Mieux que moi, il connaît le chemin. La vie est une affaire de confiance et de patience, de patience et de confiance. L'une ne tient que par l'autre.

Âme sœur, veille un peu avec moi.

Nul ne sait veiller longtemps, jamais.

Quelle étrange petite faiblesse de notre condition : tous les jours, il nous faut replonger dans le sommeil, sous peine de devenir fous. Les plus grands n'ont pas échappé à la règle. Le chargeur, c'est le sommeil. Et nous regardons la batterie comme si elle était autonome ! Quel aveuglement !

Jean-Sommeil

Aimes-tu assez dormir ?

Assez pour ne pas dormir toujours, assez pour ne pas veiller toujours et parasiter ton sommeil de mille griffures de jour ? Assez pour l'aider à t'aider, à te refaire, te réparer du jour ?

Nous croyons que le sommeil est le sommeil, presque une chose, une quantité même, une dose, la bonne dose. Pourquoi en expérimentons-nous alors chaque nuit un démenti cinglant sans réagir ? Il est vivant, mon sommeil, il s'agite souvent et me remue.

Tous les soirs, je me blottis en lui comme dans les bras d'un ami très chaste, Jean-Sommeil. Parfois il me repousse, ou me fuit, me laissant pauvrement à mes draps. Il me quitte, il m'abandonne, infidèle, faux ami. Mais il revient tôt ou tard, me reprend avec lui et m'emmène en voyage, plein de promesses.

Il est bon, bienfaisant ou perturbé, hantant des lieux et des temps dont je voudrais m'échapper. Le temps l'habite, mais le réveil ou la montre sont bien incapables de mesurer sa vie. À chaque réveil, je suis tout surpris : quoi ! déjà cinq heures ? comment ? seulement minuit vingt ! Un quart d'heure de rêve peut m'emmener très loin et six heures de bon sommeil s'écouler sans que j'aie décollé une minute.

Aux confins de mon sommeil et de ma veille, l'éveil.

C'est lui que je cherche, l'éveil.

Je voudrais rencontrer l'éveil. Et te faire partager ma rencontre, à toi, âme dormante, frère endormi.

Si nous savions l'écouter, il nous préviendrait. Si nous arrêtions de nous débattre, il nous porterait mieux. Au lieu d'y couler, nous y flotterions, nous marcherions sur l'eau claire, voyant arriver les galions au-delà du banc de rocher d'or gris, dans la grande passe des Rothress, la coulée du port, sous un soleil silencieux, très doux, en fin de matinée.

Le nuage de « baouettes »

Observe un instant ton merveilleux esprit à l'œuvre. Flamme divine, assurément ! Observe bien, sans te laisser éblouir, sans te laisser séduire. Concentre-toi.

Dispersion. Des milliers d'objets toujours changeants, et je ne peux appréhender qu'une seule chose à la fois. Un changement permanent, une distraction instituée. Je passe constamment d'une chose à l'autre : une vision, un sentiment, petite douleur, petit pincement intérieur, une idée, quel concept ? Un mot seulement, le souvenir d'une personne… retour à la vision, à une pensée, et cette petite gêne au bras, mais non ! Penser encore… Mon frère, je ne peux penser sans bouger ! Une nuée d'insectes, notre pensée !

Rappelle-toi le nuage de « baouettes » qui nous environnait le soir à la Bellotte en été, à la lisière du bois : on le chasse de la main, c'est comme rien, il revient à la charge, innombrable, invulnérable, toujours en mouvement, ridicule d'impuissance, mais tourbillonnant encore devant mes yeux. Vouloir domestiquer sa pensée ? Autant devenir dresseur de moucherons !

Une seule parade : rentrer, revenir à la maison.

Cette lumière de mon esprit est si différente du grand jour ! Comme le voile percé d'étoiles, la nuit. C'est beau, c'est immense, mais ce n'est pas le jour. Il nous a été donné à chacun une nuit à aimer, une nuit à découvrir où passe parfois une étoile filante. Fais donc un vœu !

Oui, un vœu !

Voilà ta muselière à « baouettes » : les vœux, ton désir.

Ce n'est rien, face à la nuit d'encre. Presque rien. Accepte de t'intéresser à ce presque rien. Les grains de sable sont des rochers en puissance. Ton désir s'éveille en sable, mais il peut se faire diamant.

Les trains de l'urgence

Tu me dis : « Me voilà bien avancé avec mes vœux face à la nuit noire ! Quelle impuissance ! Et tu voudrais que je m'attache à ce désir moribond ? »

Âme sœur, ne méprise pas ce moribond, c'est un grand magicien. Il ordonne. Tes désirs sont des ordres. Tout commence dans une grande confusion, mais tu as en toi le principe d'ordre. Tout à l'heure, tu le voyais dans ta pensée volage : une chose à la fois. Tu ne peux tout étreindre, c'est même la seule chose qui te soit impossible, et comme interdite, le tout à la fois ! Commence par ceci, que tout t'est permis sauf tout, tu peux tout choisir, tout sauf tout à la fois tout de suite.

Alors, aime une chose à la fois, aime la dure loi du temps qui ordonne et qui dure et qu'il faut endurer. Ne raccourcis pas le temps qui passe, endure-le, et choisis tes instants, tes minutes, tes heures. Ne te laisse pas happer par le grand train de l'urgence, souris-lui d'un peu loin. Où vont-ils, tous ces gens-là, affairés, effarés ? Ils ne le savent pas, ils sont emportés, ils s'en vont en captivité. Ils ont sur eux tous leurs bijoux, leurs billets, leurs cartes de crédit, ils sont flambants, mais ils ne savent pas où va le train. L'espace d'un instant, ils s'en inquiètent, et puis chassent la peur : allons prendre un café, quelques claquements de doigts, voilà, mon étui, l'écran, le joli monde, non, tout est là, j'ai bien tout, pourquoi m'inquiéter.

Les trains ou les avions ne manquent jamais, prêts à partir à toute heure, à t'emmener. Le ticket, c'est toi, ta servitude, tu paies avec ta signature, ton I.D., ton code secret, tu paies pour partir.

Reste donc, demeure, c'est gratuit. Cueille la fleur des champs et ce joli feuillage, cueille le jour, il est donné. Ouvre les yeux, veilleur.

Coloriage

« Une chose me tracasse. Ton beau présent sans mouvement m'ennuie. Tu le trouves beau, je le trouve vide et creux. Si je bouge, c'est pour fuir l'ennui. Mon désir, le grand comme le petit, a une peur bleue de l'ennui. »

Moi aussi, tu sais. Mais j'ai fait cette curieuse expérience : quand l'enfance se rappelle à moi, elle me rappelle l'ennui, ce temps un peu long d'une matinée de vacances sans grande distraction, avec mon coloriage sur la table de la salle à manger, mes jolis néocolors que j'aimais tant mais dont je tirais peu de résultats probants. Dans la boîte, chaque couleur était un monde possible, intact. Sur le cahier, la page était décevante. Je me souviens de la cigale et la fourmi. Ici, un coin de sous-bois qui était joli. Mais, bon, la cigale et la fourmi, c'est vraiment rien, comment s'y attacher, pourquoi y perdre mon temps ? Dehors, la neige. Je voulais être grand, conjuguer le dessin avec le monde, le blanc de la page et le blanc des étendues de neige, si lumineux, où pourtant il y avait des bleus, des gris, des dorés, et la légèreté, et l'air rauque et pur dans la gorge. Est-ce que l'on rattrape le monde ainsi quand on est grand, est-ce qu'on arrive dans le vrai, est-ce qu'on sort des coloriages ? Je me souviens ce rêve d'être grand qui était un rêve de vrai.

Il faut s'ennuyer pour que grandisse le désir de vrai.

Je n'ai jamais rattrapé le vrai. J'ai grandi, et toujours j'ai colorié quelque chose, j'ai parfait l'image, mais je savais de plus en plus qu'il n'y a là toujours que distraction. Le vrai, c'était l'autre, le monde des autres, c'était les autres quand ils m'arrachaient mon coloriage, et me sortaient de l'ennui en me plongeant dans le désarroi.

Va vers les autres, âme sœur, ils sont l'unique promesse. Laisse-les t'arracher ton coloriage, c'est ainsi qu'ils te ramènent au vrai, par le désarroi. Pleure sans peine, pleure sans y croire, console-toi, la main qui te griffe t'aime plus que tu ne crois.

Le silence ensaché

Peut-être n'as-tu pas encore de pré multicolore dans ton ennui, pas de bord de mer, ni soleil ni couleurs, rien, pas d'espace pour toi ? Un vide gris.

Âme sœur, si l'espace manque, trouve le temps. Lui, le temps, ne manque jamais. Entends battre ton cœur.

La rumeur t'en empêche, énorme, saccadée, rumeur de foule et de métro ?

Si petit qu'il soit, tu as en toi quelque part un sachet de silence. Ne mets pas les écouteurs, laisse dormir ton écran. Attends que revienne le temps. Creuse-lui son lit, ralentis tes mouvements, tes pensées. Dans le temps aussi, tu peux faire un bouquet, un bouquet de secondes vivantes. Frère, quel âge as-tu ? C'est le bel âge, l'âge de la rencontre ! Le temps n'est que cela, le temps de la rencontre promise. Faute de quoi, il n'est que temps perdu.

Souris. Souris à la vie, elle est devant, et même elle vient vers toi. Tu la croises à tout moment sans la rencontrer. Tu la croises à l'allure d'une tornade, et elle, pauvrette, elle s'arrête, toute retournée : « Il ne m'a pas vue ! Il ne m'a pas reconnue ! Quel mufle ! » De fait, tu faisais la gueule.

Ouvre ton temps à la rencontre, ouvre ton sachet de silence, aspire à petites gorgées, souris de le faire si timidement, tu es en train de frôler la liberté, la vie s'approche.

Je n'ai qu'une chose à te transmettre, âme sœur, le désir d'être attentif, de faire attention à la vie qui voudrait te rencontrer. Elle t'a mis un message, d'ailleurs, une petite annonce.

Faire attention est la chose la plus simple, et en même temps une tâche infinie. Si tu commences, tu ne t'arrêteras plus, tu apercevras que des mondes sont cachés dans le monde, des mondes tourbillonnants qui se croisent, se frôlent, des univers en expansion, à l'intérieur comme à l'extérieur. Au début, on croit qu'il n'y a de monde qu'à l'extérieur, et l'on court, on se rue, c'est si beau !

Ouvre ton sachet de silence, d'un coup de lame décisif.

Le vermisseau nourrisson

C'est vrai, la mystique est pour les pauvres. Et si tu es trop riche, passe ton chemin, grande âme ! Tout va bien, tu n'as pas besoin de mes chansons, tu t'en moques et tu as peut-être raison. Tu reviendras quand la fatigue t'aura touché.

Sais-tu qu'une âme ne peut se reposer d'être fatiguée ?

Elle ne sait pas le faire parce qu'elle ne peut absolument pas le faire. Elle doit fatiguer sa fatigue, reprendre petit à petit son appui sur la selle, les étriers. Dans le labeur le repos. Maîtrise donc ta monture, puisque tu ne peux la quitter, ne te laisse pas ainsi ballotter, secouer, mener à l'instinct. Comme l'âme se nourrit de sa faim, elle se fortifie de ses efforts, de son humble labeur, si dérisoire qu'il paraisse. En ce monde, elle est toujours nourrissonne, langée comme une balle de chiffons, vermisseau ronge-bois qu'on ne voit pas. Découvre-la en toi, si petite, ver luisant qui demande à vivre, à grandir, à éclairer ton cœur plein de nuit.

« Elle n'y est pas, il n'y a rien, elle est morte ? Je l'ai laissée mourir peut-être. »

Ne t'inquiète pas. Tu ne vois rien, mais elle a la vie dure, car elle vit de rien, *ex nihilo*. C'est dans la descente qu'elle pointe le bout de son nez. Ne crains donc pas la fatigue.

À ce moment précis où la vie te pèse, tu te quittes suffisamment pour percevoir ce rien, tu t'abandonnes assez pour laisser advenir en toi ton âme sans masque.

À ce moment précis où la fatigue t'accable, demande-toi : Que fais-tu là ? La question sonnera creux et mat, comme dans un très grand bâtiment de plusieurs étages effondrés, vide, où la pierre est à nu, en ruines, ce qui fut une immense bibliothèque peut-être, mais inondée d'une lumière blanche qui tombe de très haut par les fenêtres sans vitrage, sans cadre. Les salles s'enchaînent sans portes. Tu n'auras pas peur. Tu commenceras la visite de ton âme.

La vaste demeure dévastée

Espace étrangement familier sous ces dehors fantastiques. Sensation de déjà-vu. Habité là autrefois. Ni froid ni chaud, ni dur ni doux, sans odeur non plus.

Il n'y a que deux manières d'avoir une âme : la savoir en soi qui demeure, cachée, presque imperceptible, vermisseau ronge-bois qu'on ne voit pas, ou bien se savoir en elle minuscule et perdu, explorateur étonné d'une ruine immense sur les murs de laquelle il y a tant de signes que leur déchiffrement prendrait des milliers de vies. Mais s'y promener redonne des forces, la lumière en est douce et puissante à la fois. Aucune horloge ne mesure le temps ici. Les secondes écartent leurs murs, respirent, se dilatent pour t'accueillir, la bibliothèque se fait forêt, la forêt se fait temple, et tu passes, et tu demeures.

« Je n'ai jamais rien vécu de tel. Tu déraisonnes. »

Âme sœur

Âme sœur, je ne te demande pas de me suivre, mais de chercher en toi l'entrée, trouve le passage, car il existe. Pousse un peu les portes, écarte un peu les rideaux. Ne laisse pas ta vie devenir un couloir, un tunnel, même équipé de tapis roulant, même placardé de mille images distrayantes. Ne te laisse pas conduire si facilement où tu sais. Ne va pas plus vite là-bas, descends lentement ici. Ici commence le voyage. Au premier carrefour, échappe-toi, tu n'es pas fait pour le programme, tu es fait pour l'aventure, dès le premier pas.

« Tout va trop vite, je vais m'écraser si je descends en marche. »

Illusion ! Tu prends le film pour ta vie, et tu as laissé les images s'accélérer autour de toi. C'est le fauteuil qui t'égare. Quelles sont ces sangles qui t'y tiennent prisonnier ? Tu as cru qu'il serait plus confortable de voyager ainsi, par images, sur écran. Crève l'écran, déchire l'image, risque-toi hors du fauteuil. Le vrai n'est pas confortable, mais seul il est pleinement vivant.

Chasser les reflets

Sais-tu que la plupart des images sont mortes ?

Moi aussi, j'ai aimé les images ! Elles me fascinent encore. Quand les images étaient plus rares, moins mobiles, j'étais tenté de les collectionner. Je pouvais en posséder beaucoup pour presque rien. Mais, curieusement, les images résistent à tout classement. Il est difficile de les collectionner parce qu'on ne sait plus les classer. Le charme de l'album est d'être rare, singulier, presque unique. Aujourd'hui, il y a davantage d'albums que d'images, les images se dédoublent, se multiplient en abîme, on ne peut plus rien classer, cela devient si fastidieux.

Les reflets ne font pas nombre. Le verre fait partie de la fenêtre. Nous sommes à l'intérieur d'un cristal merveilleux. Savoure tes yeux. Les éclats du cristal font partie du cristal vivant : tu ne peux les posséder à part.

Renonce à les saisir, garde ton œil prompt, mobile, sensible.

Ce qui nous séduit dans l'image, c'est qu'elle semble se donner quand la réalité se refuse. Elle est captive quand la réalité échappe. C'est gratuit, les images, c'est donné, comme les bons points d'autrefois. Si du moins tu es sage comme une image.

L'image se donne pour mieux se vendre. Sa rançon est cachée, mais réelle : sa rançon, c'est toi, ton regard, ton amour captif. L'image cherche à te conformer. Tu deviendras ce que tu regardes. Regarde au-delà des images.

Cherche l'original, âme sœur !

Nous vivons dans le spectacle. On ne vit plus guère, d'ailleurs, on regarde les spectres s'agiter, fascinants, doués de pouvoirs si étonnants qu'ils nous humilient constamment. Quels exploits spectaculaires ! Après deux heures d'aventures par spectre interposé, on devient soi-même une larve, on rentre au terrier, un peu ivre, on mange un morceau avant d'aller dormir, écraser, écrasé. À plat.

La « septdouzune »

Écrasé par les images de l'écran, j'étais devenu presque plan.

« Ça veut dire quoi, devenir plan ? »

Mono-dimensionnel, mono-directionnel, réduction, vie à tarif réduit ! Quand la 3D ne suffit pas, quand la 4G ne suffit plus !

Tu as en toi tant d'autres dimensions. Dont une seule est susceptible de te rendre vraiment heureux, la septdouzune : dimension d'unité intérieure, originale, faite de limites et de répétitions, mais connectée à l'univers, à l'universel.

Âme sœur, ne crois-tu pas que les limites sont faites pour être dépassées ? Comment veux-tu les dépasser, si tu ne commences par les reconnaître ?

Quand la nuit est tombée, au cœur de l'été, la luciole sort de sa cachette, se hisse péniblement sur une herbe longue, et s'écrie à pleins poumons : « C'est moi qui éclaire le monde ! » Clap de fin. *Moritur* la luciole.

Apprends plutôt la leçon du Sept. Le Sept se répète. C'est la semaine, les jours de la semaine, *septimana*. Crois-tu vraiment qu'il faille sacrifier six jours pour le septième ? Non, aime-les tous, aime-les chacun, aime la répétition des jours, aime celui qui vient, sans attendre, miracle dès le premier. Le premier jour est miracle, la première heure est miracle, la première nuit est miracle. Tout est miracle que tu reconnais comme premier !

Apprends la leçon du Douze. Le Douze est complet. Une année achevée, de douze mois bien tassés. Le tour du ciel en Douze constellations. Douze heures pour un jour qui s'achève et douze pour une nuit qui te fera renaître. Le Douze fait Un. Le Douze a fini sa course, il tourne la page sans rien perdre. Il n'a jamais peur de finir, il est circulaire comme le vieux cadran des heures. Ne crains pas de tourner la page. Achève donc ce que tu as commencé.

Répéter, achever, ainsi seulement tu abordes le Un.

De la gamme à la mélodie

La Septdouzune est une affaire de temps, tu le vois.

Tu as le temps, tout le temps, pourquoi te presser, te stresser ? Évite le raccourci, le court-circuit. Prends tout ton temps, il t'est donné, pure grâce, du premier battement de ton cœur à ton dernier clignement de cils.

Mais il est vrai que tu n'as pas le temps ! Tu ne le possèdes pas.

Tu ne peux pas le posséder. Ton agenda est une fantaisie, et si tu le prends pour acquis, tu deviens plan, tu es en train de vouloir voler ce qui ne t'appartient pas. Triste agenda où tu vas te morfondre, à l'étroit dans ta grille comme dans la cage de La Ballue. Stupide agenda qui oublie de dire les minutes et les secondes et toute la chair du monde. Il ne connaît que la grille, le voile de tulle, réducteur, le comput, il prend la portée pour la musique !

Âme sœur

Toi, deviens mélodie, sois le la et sois le si, et ne sois ni ci ni là, mais seulement la mélodie, le ton, trois fois rien, un air ancien, la chanson qui sourd au plus profond, et que tu pourrais chanter sans fin, parce que cette pauvre rengaine t'emmène là-bas, dans un pays sans grilles, ouvert, vaste, charnu aussi, là où vient vers toi quelqu'un, quelqu'une, au pays de la rencontre espérée.

Je parle de cette rencontre d'hier et de demain, pressentie et oubliée. Nous avons tous au cœur et à l'esprit, encore trop à l'étroit, une rencontre à vivre. Celle pour laquelle ton âme fut créée.

J'oublie si vite que la vie est faite pour chanter. Et j'oublie le sourire qui charme le silence quand la dernière note s'abolit. Le sourire est la clé. Clé de sept notes et douze notes. Crois-tu que tu feras jamais le tour de la gamme ? Ta musique est inépuisable. Le silence toujours renaissant. Et chaque mélodie offre au silence un sourire différent.

Âme sœur, murmure trois notes enfantines, rappelle-toi la chanson triste que tu aimais tant. Laisse revenir le sourire.

Âme sœur, tu pleures ?

L'âme micropore

Rétraction, dilatation. Rétraction, dilatation. Pulsation cordiale.

Nous ne saurions quitter ce mouvement, l'abolir sans mourir.

Alors goûter la pulsation. Aimer la rétraction, la retraite, la contraction même, le repli qui prépare le saut, l'élan. Ne pas craindre l'assèchement, le vide. N'appelle pas angoisse ce resserrement. N'appelle pas déprime ce creux qui te saisit, appelle-le recueillement. Il est si vaste au-dedans. Plonges-y !

Si ta main restait pleine, nul ne pourrait rien y verser.

Notre malheur le plus commun est de nous vouloir bibendum à toute heure, gonflé à bloc, prêt à s'éclater, ne présentant aux autres qu'une paroi lisse de non-recevoir, d'auto-suffisance.

Apprécie tout autant la dilatation qui te dépasse, te déborde, t'excède si bien en tous sens que tu as l'impression de n'être plus rien. Ne l'appelle pas dispersion ou insignifiance. Sois le mendiant discret de la joie des autres, glane la joie anonyme qui court les rues, et celle des enfants. Dilate ton cœur en regardant le paysage, ses champs, ses arbres, ses fleurs, le joli costume des voyageurs. Quand ta joie se fait spacieuse, la création est à toi, en toi. Deviens une âme simple et comme végétale qui s'abreuve de pluie, qui se nourrit de lumière et de couleurs. De goûts modestes, élémentaires, vraiment pas difficile, tu ne manqueras de rien, la vie te sera donnée à profusion.

Deviens poreuse, âme sœur ! Dans ta rétraction comme dans ta dilatation. On ne remarque guère les gens poreux. Ils ne réfléchissent pas comme les gens lisses et brillants, comme les éclatants, mais ils respirent. Ils absorbent ainsi un peu les joies et les tristesses des autres. Ils respirent avec, ils aspirent avec, ils soufflent avec. Au plus aigu de la rétraction, ils reçoivent plus facilement la transfusion vitale. Au plus épars de la dilatation, ils tressaillent d'une onde qui rassemble tout, qui prépare l'offrande.

Deviens une âme micropore.

Découvrement

Quel charivari que d'avoir une âme ! À tout moment, je suis exténué. Comme si je bâtissais encore de mes propres mains la vaste demeure dévastée ! Comme si tour à tour je la bâtissais et la démolissais, la consolidais et la creusais, rouvrant ici une porte, ici une meurtrière, ici une grande baie sur l'océan. Je n'ai rien à perdre, là, que mes limites. J'y exténue ma fatigue. J'y exténue mes limites. Je visite sans relâche les ouvertures, les failles, les brèches, et je me tiens tout au bord, incertain, tremblant et heureux de recenser encore un passage à venir.

Tiens-toi donc tout au bord de ta vie, prêt à basculer, incertain, là où souffle le grand vent du large. Laisse-toi porter sur ce petit bout de terrasse, ce promontoire.

À marée descendante, autrefois, tu allais ainsi depuis la plage, de rocher en rocher, avec tes marche-à-l'eau, cherchant le passage d'un banc à l'autre, jusqu'au plus éloigné, au plus isolé des promontoires, le « requin », dont la gueule émergeait seule, découpée à l'horizon, à contre-jour, tandis que le soleil commençait à baisser, éblouissant. La vague était amie et ennemie. Elle empêchait le passage, et puis l'ouvrait, l'empêchait, et puis l'ouvrait. Attendre donc un reflux plus net, mais ne pas trop attendre, avancer, risquer le passage plus haut ou ici, là, en deçà, mais vers ce banc plus dégagé, plus avancé. Le miroir d'eau mobile, réfléchissant, cachait jusqu'au dernier moment les reliefs sous mes pieds. Ici une faille trop profonde et trop large pour être franchie entre deux assauts de la vague obstinée, ou bien très profonde, mais suffisamment étroite pour être franchie d'un saut.

Peut-être ne sais-tu pas que nous vivons à marée descendante ? Que les rochers se découvrent. Que les passages s'ouvrent depuis toujours, à l'étroit, à qui s'avance au large. De temps en temps, tu te retournes, et tu aperçois la plage, si loin déjà, et tous les reliefs apparus, de plus en plus nets. Révélation. Découvrement.

Le lézard et la fourmi

Et quand la faille est trop profonde ? Quand l'horizon s'est rétréci ? Quand on reste debout inerte devant un grand mur, tétanisé ?

Plus la muraille est grande, plus la porte paraît petite.

Approche-toi. Rapproche-toi. Tout près du mur. Distingue les lézardes.

Le passage est étroit, resserré. C'est dans sa nature. Sinon, l'appellerait-on passage ?

Dans la plaine, il n'y a pas de passage, rien qui mérite ce nom, rien qui se passe vraiment, pas d'aventure, seulement l'octroi et le péage. Quelques ponts aussi sur la rivière qui donne son sens et son nom à toute la plaine. Mais dans la plaine, on grossit, on s'empâte, sans trop le vouloir, par manque d'exercice, et, quand on est trop gros, on ne passe plus.

Âme sœur, vas-tu rester une âme de la plaine ? Laisse la plaine aux marchands, aux troupeaux, aux grosses légumes. Monte sans peur vers les falaises, prends refuge dans la montagne. Ne redoute pas l'à-pic et le rempart. Tu les franchiras et là sera ta joie.

À peine te seras-tu mise en route que, te retournant, tu comprendras : là où quelque chose ne va pas, quelque chose est trop gros !

Partout le petit a l'avantage, car il est de la nature du passage. Tu méprises le lézard, mais il se joue de tout obstacle, il est chez lui dans les palais du roi, et dans la moindre brèche, il a trouvé refuge et fondé une famille. Regarde la fourmi faire l'ascension de la muraille : elle ne va pas plus lentement à la montée qu'à la descente. Elle ne connaît aucune espèce d'essouflement !

Ah ! Si tu pouvais devenir ainsi petite et légère, une âme de montagne, une âme d'escalade !

Régime allégé

Allège-toi d'abord, pose tes valises.

Vide un peu la carcasse encombrée, évide la tanière. Débarrasse-toi des peaux mortes, de ces armoires remplies de vêtements que tu ne portes jamais, étouffantes, assommantes.

Quand tu ne peux plus rien supporter, tourne ton regard vers ce que tu ne peux emporter, transporter : tiens les objets à distance.

Allège-toi. Les choses collent. Elles nous collent si bien à la peau que nous n'en avons nulle conscience. Elles engluent tous les pores. Ennemies de l'âme, les choses possédées rendent le décollage impossible.

Allège-toi. Allège ton ordinaire, tes rations, tes mesures, tes nourritures hâtives, compulsives.

Tu n'arrives plus à te raisonner ? Rationne-toi.

Diminue ton régime. Mâche plus lentement le peu que tu prendras. Savoure le temps qui se délie, qui s'ouvre en se vidant. Ne parle pas de jeûne, n'emploie pas de grands mots, ni les grands moyens, surtout pas ! Tu te ferais encore illusion. Écorne seulement, allège à petites doses, amoindris à petits pas, dégrossis doucement, un jour ici, un jour là. C'est la voie royale, qui est légère.

Ton fardeau le plus lourd, tu le connais bien, c'est toi-même.

Toi-même quand tu refuses de voler, quand tu accuses la pesanteur du monde, quand tu oublies que pour voler, il faut prendre appui sur la résistance de l'air, à contre-vent. C'est la résistance qui te propulse dans la hauteur, si tu lui opposes comme il faut tes ailes, jusqu'à la moindre plume. Pour cet exercice, une coordination optimale est requise jusqu'à l'extrême douceur, qu'on appelle sagesse. Ce qui te semble une entrave est en fait un point d'appui. Hisse-toi, monte plus haut, les vents contraires sont là pour te porter, t'apprendre à voler.

Rappelle-toi : as-tu jamais manqué de vents contraires ?

Le continent perdu

Ainsi grandissent les âmes, en se faisant plus petites et plus légères, plus mobiles et plus discrètes.

Ton âme échappe à la mesure. Comment voudrais-tu prendre la mesure d'un être qui détient en son intérieur un continent que tes jambes ne peuvent parcourir, et moins encore les voitures et les avions ?

Une fois pour toutes, renonce à te mesurer ! Laisse tomber la toise et la balance. Une seule chose donne à l'âme grandeur et poids : sa liberté. L'âme grandit à la mesure des questions qu'elle se pose librement, et dans cet effort même elle diminue, s'avoue minuscule et s'exténue, voyant l'abîme qu'elle laisse sans réponse, et l'étendue de la route à parcourir.

Connais-tu un savant qui soit passé par une autre école ? Connais-tu un sage qui n'ait commencé par recenser son ignorance ? En tout pays où frémit la découverte, les frontières sont le séjour le plus fécond.

Tiens-toi sur la frontière. Avance-toi encore vers l'inconnu.

Voici que tu as devant toi le château endormi, l'île disparue, la cité engloutie, le continent perdu.

Et tu en ferais la cité interdite ?

As-tu fait de ton âme un Tchernobyl, une centrale incontrôlée et par là-même condamnée ?

Âme désolée, privée de son trésor !

Mais qui donc a muré tes portails ?

Qui a masqué tes serrures, à qui as-tu remis tes clés précieuses ?

Qui a pu te verrouiller la tête ?

Coupé en deux

À croire que tu n'as pas connu l'enfance et la jeunesse !

L'île mystérieuse, la cité fantôme, Ys, l'Atlantide, les bandes dessinées, les romans, les films, rappelle-toi, c'était toute ta vie. Nourriture surdosée, une vraie drogue : tout un monde d'images justement destinées à t'exciter, à susciter ta propre exploration, l'exploration vitale.

Qu'as-tu fait de ces images ? Les as-tu remisées dans un placard, sur une étagère ?

Tu n'y as pas cru.

Tu as coupé ce monde en deux. Tu as laissé les images devenir ta cour de récréation, sans les prendre au sérieux, sans les laisser envahir la page d'écriture, colorer la page de calcul.

Tu t'es coupé toi-même en deux ! Tu as laissé partir l'enfant et tu n'as jamais atteint l'âge adulte. Et tu rames entre deux eaux. Tu divises ton temps entre deux mondes, l'école et la récréation, le travail et les loisirs, l'ennuyeux et l'immature, deux mondes de plus en plus étanches l'un par rapport à l'autre, et tu sautes de l'un dans l'autre chaque jour avec plus de lourdeur, en te cassant les reins, et chaque jour s'accroît ta peine.

Âme sœur, ce n'est pas ainsi que tu dois ajuster ces deux mondes. Ils ne sont pas mitoyens, ils ne sont pas concurrents, ils sont l'un dans l'autre et l'autre dans l'un, ils sont la clé dans la serrure et l'air dans le poumon. Va retrouver l'enfant, il n'est pas loin, accueille-le chez toi, lis la belle histoire avec lui, et rêve à nouveau de devenir adulte.

Il n'y a qu'un monde, dedans dehors, c'est le seul monde, et tu dois l'habiter dedans dehors à tout moment.

Le bateleur

Je te dois une confidence, un aveu.

J'ai tout à fait honte de te faire la leçon. Tous ces « il faut », « tu dois », dont j'ai la nausée !

Comme si je possédais la cohérence ultime. Comme si m'étaient familières les planètes que je fais tourner devant toi. Triste bateleur qui se prendrait pour le roi !

Je joue au maître parce que nous sommes perdus si personne ne veut aller au tableau. Alors je répète ce que j'ai appris, ce que j'ai retenu, ce que j'ai lu.

Je ne peux rien te donner de plus que cela : des fragments, de tout petits fragments, des poussières d'étoiles, dispersées en tous sens, un peu de sable dans tes mains, quelques miettes de pain pour une immense faim, bien peu d'énergie pour un si long chemin.

Vois ce pauvre livre : chaque feuille est coupée de la suivante, irrémédiablement. Il n'y a là que des fragments raboutés, comme ces phrases, comme ces mots, ces lettres, ce b.a.-ba de la vie indéfiniment annoncée, répétée, jusqu'au point final.

J'accepte de vivre ainsi, pauvrement et joyeusement, parce que je crois que ce monde est aimanté.

Nous sommes fragmentés et dispersés à l'extrême mais l'aimantation opère déjà. L'âme humaine est le témoin magnifique de l'aimantation du monde.

C'est pourquoi je ne me désole pas de ma fragmentation. Je n'ai plus peur de mes limites. Si loin que je m'en aille, si aventureuse que soit mon errance, des portes s'ouvriront, un passage se fera jusqu'à l'aimant.

C'est cela que je voudrais te faire entendre : le chant de l'aimant, la note pure, cristalline, qui résonne déjà au passage.

L'univers sablier

Pour l'instant, nous voilà échoués sur le rivage de la mer. Dans un monde de sable. Innombrable. Un univers étoilé. Innombrable.

Âme sœur, ce monde de sable est un sablier.

Le temps, tu prétends le mesurer, mais c'est lui qui te mesure à la fin. Il a toujours le dernier mot.

Et peut-être veux-tu rivaliser avec lui au lieu de le laisser mener la danse, au lieu d'entrer dans sa musique. Tu coupes, tu découpes, tu tranches, tu vitupères en brandissant l'agenda, tu t'affoles à regarder la montre, tu menaces en comptant les minutes, tu veux tout faire entrer dans des machines sans âme que tu fais tourner comme une folle. Urgent, urgent, urgent ! Être dans les premiers… Tu sais qu'en allant plus vite, tu prendras le pouvoir. En prétendant servir, en prétendant soigner, sauver même.

Mais en prenant, tu oublies de recevoir le temps qui se donne.

Tu négliges le don, le sublime présent : la sagesse de ton cœur qui bat, le passage du jour, le crépuscule qui se prépare solennel d'or et de pourpre, impérial. Tu méprises tes sages entrailles qui somnolent et digèrent à leur train de sénateur, perturbées seulement par tes coups de sang, tes précipitations, tes hoquets, tes angoisses misérables nées de ta folie même, de ta prétention.

Tu t'imagines mesurer celui qui te mesure.

Le temps est la mesure des mesures.

Il fut pendant bien longtemps la seule mesure de l'espace : trois jours de marche, une heure de route. Il l'est encore : là où tu avoues ta limite, tu n'as plus d'autres mots que « années-lumière » !

Mais tu tranches encore et tu fais des nanosecondes, que tu crois posséder et maîtriser au millimètre.

Les octets morts

Tu te rappelles les débuts de l'informatique ? Les octets !

On les pesait, un document faisait quatre kilos, 4 Ko. Avec mes dix disquettes dans leur jolie petite boîte en carton, j'imaginais tenir des archives pour l'éternité. Le vieux Mac Plus m'impressionnait avec ses « vingt mégas de mémoire morte et deux mégas de mémoire vive »… Après les Mo sont venus les Go, puis les To, méga-octets, giga-octets, téra-octets…

Ce n'était que le début. Seulement, au passage, après le grand, le géant, on est entré dans le monstrueux, le tératologique, Jurassic Park ! La mémoire morte a changé de nom. Elle a pris tant de place qu'on commence à l'expédier en orbite. Trop encombrante, la morte !

Cela fait longtemps que les morts sont encombrants, qu'on les éloigne de la vie. Haussmann a fait sortir les cimetières de Paris. À Boucq, à

Manonville, nos morts étaient encore juste là, au chevet de l'église, jouxtant presque la maison, et j'allais parfois les voir avec tante Odile, le dimanche, du haut de mes sept ans, avec mes gants blancs, mon livre de messe et mon blaser vert sombre que j'aimais bien, parce que sur la poche, il y avait les anneaux olympiques, cinq belles couleurs. Tante Odile leur apportait des dahlias, parce qu'il y en avait vraiment beaucoup dans le jardin. Je n'aimais déjà pas les dahlias, pas plus les « cactus » que les « pompons ». Moi, je leur apportais des capucines ou des liserons dans un verre à moutarde, ou du mouron rouge ou du myosotis, il y a toujours des petites fleurs près des murs.

À quoi servent les morts, si on ne les visite pas ?

C'est d'honorer ses morts qui fait d'un certain vivant un humain. C'est en faisant mémoire que l'âme se met à respirer.

Les chevaliers de la mémoire

Dans certaines églises, dans les allées, quand on marchait sur des pierres gravées de dates et de noms, ici ou là, il y avait un chevalier. Un qui s'appelait Odet ! Comme tante Odile ou tante Odette.

En général, les chevaliers, c'était pendant le grand voyage des vacances d'été. Papa aimait beaucoup visiter les châteaux et les églises. Nous, on disait : « Les vieilles pierres ». Comme j'étais malade en voiture, à l'heure de la visite, j'avais le droit de rester dehors à marcher, à prendre l'air.

Ma sœur aussi était malade. Mais on savait que ce n'était pas grave, c'était le voyage. Surtout que Maman avait dit : « Patience, ça tourne un peu, c'est le Morvan ! » Passé le Morvan, il y avait un petit mieux et puis commençait l'enfer : le Massif central. Je gardais à portée mon petit seau vert à la drôle d'odeur de plastique qu'on nettoyait à une fontaine. Le plastique sentait très fort en ce temps-là. Mais j'aimais mon seau qui me rappelait la plage, les châteaux de sable et la mer. Parfois ça allait bien quand même. Surtout quand approchait le soir. Est-ce que nous passerions aux Millevaches cette année ? Sur le plateau des Millevaches, une fois, nous avions fait étape à Saint-Merd. Ce sont des noms qu'un enfant n'oublie pas.

Que le voyage rende un peu malade, c'est normal. Dans les avions, ils n'ont pas de jolis seaux, mais il y a toujours un sac en plastique bleu ou en papier.

L'important, c'est de ne pas vomir sa vie.

Ne pas partir là-bas parce qu'on vomit ici, et ne pas repartir en vomissant là-bas. Ne pas vomir sur les souvenirs, en dedans de soi, là où le sol est jonché de chevaliers, de rois, d'églises et de châteaux.

Respecte ta mémoire, âme sœur, visite-la en amateur éclairé, éclaire-la avec amour. Et ne t'inquiète pas si tu éprouves ici ou là quelque nausée. Le voyage intérieur a aussi ses montagnes et ses tournants.

Choisir ou vomir

Les vieilles pierres de l'enfance m'ont peut-être rendu inapte au tourisme. Ce que je préfère, c'est revoir, revenir sur des lieux aimés, redécouvrir encore ce que je connais déjà un peu. Je n'ai jamais été déçu de revenir. La lumière se surimprime.

Dans un musée, dès qu'une toile m'a frappé, c'est fini, c'est elle. Elle suffit. Elle en devient plus belle encore, d'être la seule, l'élue, la choisie, celle qui m'a choisi plutôt, qui m'a fait de l'œil, mystérieusement. Un petit Marquet au Musée des beaux-arts de Nancy, le grand de Staël de la Ville de Paris, les toits de Paris, et puis l'église d'Auvers, au Jeu de paume ou à l'Orangerie !

Si tu ne choisis pas, si tu ne te laisses pas appeler et choisir, le paysage défile trop vite, et la nausée arrive. C'est sans doute pour cela que les enfants sont malades, et puis ça passe : ils apprennent à choisir, et alors ça passe.

La route, c'est la route, c'est d'accord, ça ne s'arrête jamais, il faut toujours avancer, jusqu'au bout, en voiture, en avion, à pied et surtout dans sa tête, mais tu peux choisir, tu dois choisir pour que la route s'éclaire.

Là où ton « je peux » et ton « je veux » coïncident, ta liberté advient. Mini big bang qui change tout.

Mais attention, prends-les dans le bon sens : d'abord « je peux », ensuite « je veux ». Et entre « je peux » et « je veux », il y a souvent « j'aime bien », « j'aime de mieux en mieux », « j'aime ! »

Si tu mets « je veux » d'abord, c'est fichu, tu vas vomir. C'est le piège numéro un, ce « je veux », il te barre la route illico ! Au début, il n'y a que lui, il est là tout le temps, les enfants braillent en réclamant ceci, en réclamant cela. On vomit beaucoup, on n'avance pas très vite : beaucoup de seaux à laver à la fontaine !

Et quand ce « je veux » résiste encore chez l'adulte, il lui tord le ventre.

Le jeu du possible

L'obstacle n'est pas seulement le « je veux », c'est la précipitation pour y venir.

Prends-les dans l'ordre. Tout ira bien mieux si tu laisses plus de temps au « je peux » pour se dilater.

Le possible. Le petit jeu du possible.

Tu es écrasé par la machine ? Par les devoirs, les obligations, les nécessités, les « il faut » continuels qui balisent ta fastidieuse et implacable autoroute ?

Baisse la vitesse, descends la vitre, ouvre l'œil, écoute mieux, et rends-toi bien compte que ta machine a du jeu.

« On entend bien le moteur ! Hein ? Non, je disais ça… »

Presque rien. N'empêche, ce qu'il faut de jeu pour que le moteur fonctionne, que la voiture avance, que ça marche. Ta route aussi a du jeu. Et si tu prenais la carte au lieu de te laisser mener par ta sirène sur satellite ?

Il commence minuscule, le jeu du possible, et il s'avère immense, imprévisible, totalement inattendu, le possible.

Connais-tu cet adage ?

Dans toute affaire où la liberté est engagée, le commencement est la moitié du tout.

Il s'agit justement de cela. De commencer.

Commence avec soin. Applique-toi autant que sur le cahier d'écriture, pour la première lettre de la première page. Tu vois la lettrine sur le manuscrit du Moyen Âge ? Ce grand A avec un arbre plein de fruits et d'oiseaux, quelques collines au fond, et un moine au gros ventre qui fait la sieste à l'ombre !

Ne bâcle pas ta première lettre. Commence toujours par une lettrine, fais une « très-riche-z-heure » pleine de fantaisie.

Crois-moi, quand la lettrine sera finie, ton possible aura gonflé comme la panse de ce malotru de moine !

Le scribe et le chasseur

Une chose est de s'appliquer, une autre de faire attention.

Les deux capacités croissent ensemble, indissociables et pourtant contradictoires.

Celui qui s'applique s'absorbe tellement dans sa tâche qu'il en oublie le monde entier. Sa vigilance alors se rétrécit, il n'est plus du tout en éveil, il est seulement captivé, captif de son travail ou de son occupation. Il ne verra venir ni le danger, ni l'opportunité nouvelle.

Le vigilant, lui, doit s'adonner à sa garde. Il attend, sans savoir ce qui peut advenir, sans se laisser distraire. Il bat des cils et ne cesse d'ouvrir à nouveau les yeux, les oreilles, les sens. Mise à jour automatique, continue, *reset* permanent. Il ne doit pas se laisser captiver, à aucun moment il ne peut s'adonner vraiment sans risquer de laisser passer un intrus, un trouble-fête, ou la chance imprévue, le lièvre qui bondit, la surprise espérée.

Le scribe n'est pas le chasseur. Tous deux sont attentifs mais différemment. Le premier demeure en son centre et l'autre à sa frontière. Le moine appliqué se concentre sur son enluminure et s'abstrait de tout le reste. Le guetteur porte les yeux si loin qu'il ne voit pas le serpent à ses pieds, son lacet qui se défait et bientôt peut le jeter à terre.

Le premier se tient à ses règles, et ce savoir est sa force. Le second ne sait pas d'où viendra la surprise, et ce non-savoir est sa force.

Âme sœur, peux-tu relever ce défi ?

Être pleinement présente. Présente à tout le présent, mais présente aussi à tout l'absent, à l'approchant, à ce qui vient.

D'une présence concentrée, sérieuse, mais aussi disponible, libre, jamais prisonnière de son application. D'une présence d'éveil.

L'éveil est profond comme le regard de l'aveugle : un œil qui écoute, une oreille de visionnaire.

Caresse de la présence

Quoi que tu fasses, ou quoi que tu attendes, quoi que tu souffres et quoi que tu vives, deviens tout à la fois le scribe et le chasseur, explore le centre et la frontière. Sans même t'en douter, en t'appliquant ainsi, en te concentrant, puis en te décentrant pour bien faire attention, pour ne pas te laisser surprendre, tu élargis l'espace de ton âme. Tu dilates ta présence.

Concentration, décentration. La présence est une respiration, vers le dedans, vers le dehors. Solitude et rencontre en même temps.

S'il fait trop froid dehors, rentre !

Si tu étouffes dedans, sors !

Âme sœur, tu n'es prisonnière ni du dedans, ni du dehors.

Ne sois pas de ceux qui vivent par habitude, somnambules, ignorants des mondes qu'ils traversent, qui vivent seulement parce qu'ils ne savent pas faire autrement. Ils ont accumulé tant de projets devant leur porte qu'ils ne peuvent plus sortir. Il y a tant de colis sur le seuil qu'ils ne peuvent plus rentrer. Tous les passages sont colmatés, ensablés. Tout est saturé. Alors ils s'enterrent ici ou là, au hasard de l'errance, et la terre ingrate menace de les dévorer. Ils ont si longtemps joué des griffes qu'ils n'ont plus idée du bonheur de la caresse.

La présence est une caresse à la vie, pleine de désir et de respect.

Par l'exercice de la présence, ton possible prendra de la puissance, du potentiel. Ton « je peux » s'élargira. Ton être s'enrichira d'un « peut-être », d'une liberté : un jeu, un jour entre deux murs, une fenêtre.

La liberté est aimable. La tienne et celle des autres. Seule chose aimable en vérité.

Échange des consentements

Quand ton possible se dilate ainsi, tu te mets à respirer vraiment, tu abordes l'équilibre.

L'équilibre n'est pas l'immobilité. Sur la balance, ce que tu vois de l'équilibre, c'est l'immobilité, mais le vrai de l'équilibre, c'est qu'un grain de sable suffit, une goutte d'eau, un cheveu, un souffle, pour tout mettre en mouvement. Consentir à l'équilibre, c'est suspendre sa vie au moindre souffle, se tenir disponible, éveillé de tous ses pores.

Tu te tiens sur le seuil. Le seuil est libre, désencombré, comme il convient à toute porte, à tout passage. Inutile de forcer, de résister, le vent suffit pour ouvrir ou refermer.

À ce moment-là, ton « je veux » prend souvent la forme du consentement.

C'est la forme la plus humble du « je veux » mais aussi la plus heureuse.

C'est le couronnement de l'amour, le consentement. L'époux et l'épouse donnent chacun leur consentement. Ils échangent leurs consentements. Ils l'échangent comme ils échangent leurs libertés : la liberté de l'autre, me libérant de moi-même, m'est devenue plus chère que la mienne. Allègement précieux, inestimable, que découvre seulement celui qui se sait délibérément aimé, librement aimé, aimé par un être libre. Rien n'est plus aimable que la liberté.

Alors je consens.

Consens à la vie, âme sœur ! Puisqu'elle t'invite, puisqu'elle t'aime plus que tu n'as su t'aimer toi-même. La vie promet, la vie se promet, et elle t'entraîne. Épouse-la, fais-lui confiance !

Noces de papier crêpon, de carton, de laine et de chiffon, de bois tendre, de cuir et de laiton… Tu as fêté tous les anniversaires de tes noces avec la vie, et tu voudrais reprendre ta liberté ?

Lamentable

J'ai bien entendu : souvenirs à trois sous, psychologie à cent balles, poésie pour midinettes, et ce ton pontifiant et pégueux, condescendant aussi, cette emphase. Rien qui vaille. Monnaie de singe. La paranoïa ordinaire : un gros nuage d'esbrouffe sur une déprime assez lamentable…

Tu as tout à fait le droit de refermer le livre, de me congédier sans retour. C'est même la règle du jeu.

Il aurait fallu que je sache écrire tout seul, sans appui, mais j'ai besoin de toi. Toi seul peux lire avec amour. Toi seul peux donner valeur à mes billets de Monopoly.

Je n'écris pas pour te livrer un trésor que je possède, j'écris pour mendier. Je tends la main sur ton passage pour recevoir une pièce, trois sous d'attention, parce que l'attention nous fait vivre. C'est de ma pauvreté d'enfant perdu que j'écris.

Âme sœur

Je veux bien ne plus t'appeler âme sœur. Tu as droit à madame, monsieur. Tu n'as aucune envie de devenir ma sœur ou mon frère et moi, je n'ai aucun droit à la fraternité. Mais j'aurais bien aimé la fraternité, j'en aurais souhaité la douceur égale et sobre, la vérité aussi.

La vérité, tu me l'as servie sans emballage, à l'instant.

Qui peut monter sans descendre ? La vague qui me porte sur son dos m'a emmené aussi dans son creux effrayant. La mer a menacé ma barque de toute sa hauteur.

La vérité, c'est qu'il n'y a pas de sagesse sans souffrance. Il n'y a que de la souffrance qui s'assagit. J'ai ri et j'ai pleuré, et petit à petit j'ai souri d'avoir trop pleuré. Et j'ai pleuré d'avoir cédé à la dérision et au mépris.

J'ai tout appris. J'ai tout reçu dans ma casquette, sou à sou. Autant de mercis que de piécettes, autant de sourires. J'ai même appris que la liberté est chose qui se mendie.

Mendiant aveugle

Le mendiant aveugle du couloir de métro, c'est moi.

Avec une pauvre musique comme seul trésor.

Et ma casquette posée devant, ma sébille.

Je ne suis seul qu'en apparence. J'ai beaucoup de frères, une multitude de sœurs. Toutes les âmes sont sœurs. Toutes les âmes sont égales et toutes mendient. Depuis leur plus jeune âge. Elles ont faim, toutes. Elles ne savent que recevoir, se faire entretenir. Elles ont perdu la face. C'est lorsque tu perds la face que l'âme te monte au visage.

Toute âme mendie sa liberté comme on apprend une langue.

On croit qu'il y a quelques langues à connaître, et beaucoup de paroles à dire. Mais il y a une infinité de langues et de langages, tandis que la parole est rare. On s'imagine maîtriser une langue dès qu'on aligne quelques phrases, alors que la langue est maîtresse de bout en bout, jusqu'à la fin.

Bien avant d'apprendre à dire des mots, apprendre à reconnaître une voix, des sons, écouter les paroles qui passent. Pour écouter vraiment, il faut arrêter de crier, devenir silencieux soi-même, de plus en plus profondément. Et par moments découvrir la joie de babiller, quand tous les sons, entendus et répondus, ne disent qu'une chose : « J'aime ».

Sais-tu que toute langue est maternelle, pour qui désire l'apprendre ? C'est elle qui t'appelle, qui t'initie, te lange et te nourrit, te porte et te conduit. Jusqu'à la fin.

C'est pourquoi, jusqu'au bout, écouter les passants, les paroles qui passent, la bande passante, l'immense partition de la langue de chacun, comme des hordes sauvages, saga d'idéogrammes étranges à déchiffrer. J'ai les yeux clos mais j'entends le son qui parfois se rapproche, et parfois s'éloigne, j'entends des rumeurs et des voix distinctes, et le grand silence assourdissant qui couvre tout…

La grotte

Une fois, je suis parti vivre huit jours dans une grotte.

C'était un hameau troglodyte abandonné, quelques murs et quelques grottes, quelques arpents de terre retenus par des murettes serrées, très haut au-dessus de la gorge en bas, où miroite un serpent argenté, la rivière.

Là, tu es petit.

Là, tu n'es rien, et tout existe autour de toi très fort.

Des milliers de langages inconnus t'interrogent, et tu ne sais pas répondre. Les martinets veulent chasser l'intrus et te frôlent en bataillons serrés avec des cris stridents. Les vautours te toisent. Même des musaraignes viennent te parler et te regardent avec des yeux noirs ébahis. Les arbres te parlent aussi, ces pins tordus accrochés en cascade dans la roche, et ces quelques frênes souples et bruissants, et le vent, et les nuages, et le murmure qui monte de la gorge par moments.

Là, le livre te tombe des mains. Tu voudrais dessiner.

Là, tes provisions sont ridicules. Le pain est fade. Tu voudrais déterrer toi-même un oignon sauvage, tu cueilles des prunes âcres et ce goût est le seul qui s'accorde à ton amertume, à ta solitude. Tu dis : demain, je descendrai pêcher à la rivière, et tu ramasses trois brindilles, un peu de bois, tu fais un petit feu pour voir si tu sais encore faire un petit feu. Un scarabée tout enluminé, couvert d'or vert et bleu, passe comme un roi, et tu te prosternes pour voir de plus près son vêtement d'apparat.

Dans la grotte où tu t'es endormi, sur la terre inégale et dure, un coup de pluie venteux te réveille, et l'odeur d'urine te saisit au milieu de la nuit. Ce n'est pas du tout ta grotte, ici. Des mouflons y ont leurs habitudes, et tu le sens.

Là, tu n'es qu'un hôte de la vie.

Là, tu as de nouveau tout à apprendre.

Un galet poli

Il est tenace, le sentiment de savoir, de n'avoir plus à apprendre. Comme un crustacé qui aurait plaqué sa gueule sur ma tête, refermé ses griffes sur mon cou. Cela ne fait pas mal, mais quand il s'agrippe trop fortement, il m'étouffe. *Alien*.

Nous n'avons d'air à respirer que dans l'hospitalité d'un espace à découvrir, d'un temps nouveau, de belles et grandes personnes à regarder. Laisser mon ignorance décoller les taies blanches qui m'aveuglent, les loupes épaisses du savoir, retirer les écouteurs, et revenir le plus souvent possible à l'émerveillement de l'enfance.

Connais-tu le testament de Newton ?

« Je n'ai été qu'un garçon jouant sur la plage, et me divertissant de temps à autre en découvrant un galet mieux poli ou un coquillage plus beau que d'ordinaire, alors que le grand océan de la vérité s'étendait devant moi, dans la totalité de son mystère. »

Si tu étouffes parfois, retourne à la plage, prends dans ta main un galet mieux poli, une nacre, un buccin.

Retourne à la forêt et fais une cabane.

Inutile d'aller très loin. Retourne-toi en marchant, sur le passage de deux papillons jaunes qui dansent en s'élevant dans une sarabande qui défie tout tracé. Où vont-ils, les fous ? Ils s'aiment, c'est tout, et c'est incroyable !

Retourne-toi. Où allais-tu ? Tu laissais le monde derrière toi.

Quand je suis revenu chez les miens, leur hospitalité me fut plus douce, leur langue était neuve, j'avais envie d'écouter à nouveau. Et j'avais plus de choses à raconter qu'il n'y a de mots. Il n'a pas manqué quelqu'un pour me dire : « Je connais ce coin-là ! » Et j'ai pensé aussitôt : alors, vais-je devenir moi aussi celui qui connaît ce coin-là ? Non, silence ! Laisse une réserve, réserve de chasse, de silence, de vie pour les heures sombres. Tu n'as pas été jusqu'au fond de la grotte. Tu n'as pas pêché le poisson de la rivière…

Le p'tit cou

Un de mes souvenirs les plus anciens.

La pompiste. On ne disait pas encore station-service. C'était à Paris, avenue de Villiers, ou porte de Champerret peut-être, proche de Pereire en tout cas. J'étais sur la banquette, à l'arrière de la 4 CV, et comme j'avais tout au plus quatre ans, il y avait beaucoup de place sur la banquette. Je me rencognais le plus petit possible pour échapper au regard de Mme Lauer, la pompiste, qui allait encore dire : « Oh le gentil p'tit garçon ! Oh le joli p'tit cou ! Mais je vais le manger, ce p'tit cou, oh… » et elle essaierait de me saisir avec trois doigts par le cou. Et c'était la terreur, l'ogresse qui voulait manger mon p'tit cou.

Mes muscles se sont froissés pour trente ans. Cyphose cervicale. La zone est sensible. Mon premier réflexe en cas de danger est de rentrer le cou.

La voix est restée fragile. Elle vire au blanc en cas de danger. Dans mes cauchemars, au dernier moment, il faudrait crier très fort pour prévenir, et rien ne sort qu'une voix étranglée, dissonante, complètement étouffée, et je me réveille en ravalant ma honte de n'avoir même pas su crier.

Impossible de me monter le cou.

J'ai mis trente ans de plus à oser relever la tête. À essayer de me redresser. Est-ce que les cervicales ne commandent pas un peu toute la colonne ?

Vu du dehors, le cou est dans le corps le passage le plus étroit. Tout doit passer par là et dans les deux sens, l'air, le sang, la moëlle épinière, et même la nourriture. Encore un passage à dilater. Mon petit cou a une taille de guêpe, mais tout finit par passer, pour peu qu'on pile suffisamment les caillots, les cailloux, les à-coups.

La bonne maille

Face à l'angoisse, piler les cailloux.

Soumettre sa vie à la bonne maille, à la granulométrie correcte. L'angoisse est presque toujours un problème de mesure. On voudrait faire passer d'un coup un bloc de marbre qui coince. Serrer les dents n'est pas la solution.

Commence par égréner ton temps. Le temps est de la nature du sable, tu le sais. Descends dans les minutes si l'heure ne passe pas. Tu as peut-être voulu avaler un mois entier, ou un souvenir encombrant, ou ce grand rendez-vous de la semaine prochaine qui se dresse comme une muraille devant toi.

Au-dedans de toi, montre les dents, et libère ta cavalerie, mâche, pile, concasse. Tu es équipé de limes et de râpes, d'une hache et d'un coin, et de meules puissantes. Une trentaine de chevaux-vapeur dans ta salle des machines. De quoi faire un très beau travail !

À quoi serviraient les dents, au seuil du défilé, sinon à égréner, à trouver la bonne maille, le juste grain ? Elles claquent dans l'angoisse, nerveuses d'avoir à se rendre utiles, sans rien à broyer.

Mets donc les choses à ton échelle, les événements, les projets, la vie, tout ce qui doit passer par toi. Ne te laisse pas impressionner. Mais reconnais aussi la bonne maille, ta mesure, tes limites. Ne t'imagine pas murène ou requin si tu es un poisson-clown.

Et si tu n'arrives pas à avaler, si tu remâches sans cesse, recrache avant de faire un bouchon, avant l'infarctus ou l'embolie. Ne mange pas avec tes yeux plus gros que le ventre, mange avec ton nez. Il y a des petites pommes de pin toutes ratatinées qui t'emmèneront d'une seule bouffée dans l'immense forêt plus sûrement qu'un séquoia tout entier. Il y a un brin de menthe froissé qui porte dans sa tige tout le jardin de ta grand-mère.

Les bras du grand amour

Aujourd'hui, on croit se rassurer en décrétant que tout est devenu quantifiable, l'immense comme le minuscule.

Mais le plus humain n'est ni le plus grand ni le plus petit, il est le mieux mesuré, le plus harmonieux en toutes ses mesures. Regarde les plus grands chefs-d'œuvre : *La Joconde* de Vinci est-elle un grand tableau ? *La Cinquième* de Beethoven est-elle plus longue qu'une autre ? Et ce poème que tu aimes tant ? Regarde le flacon de parfum ! Regarde l'assiette du grand restaurant…

Alors laisse tomber les records sans leur accorder la moindre attention, ne fais pas des mesures savantes ton baromètre, souris en regardant ta dernière analyse : demain on quantifiera des particules dans ton sang dont le nom est inconnu aujourd'hui. Et l'on rira des analyses d'aujourd'hui, comme on rit des humeurs noires et blanches d'hier.

Les baromètres d'hier étaient d'une sincérité remarquable : ils disaient « variable » à longueur de temps. C'est ainsi que tu dois lire ton devenir : variable. De loin en loin, un beau fixe ou une tempête, mais le plus sûr, le plus constant : variable.

Sur l'immense, tu n'as pas de prise. Sur le minuscule, tu n'as pas de prise. Contente-toi de ce domaine déjà grandiose sur lequel tu as prise : le moyen. On te donne des moyens, prends ces moyens ! Prends les grands moyens, et prends les petits moyens, tout cela est à toi.

Gulliver et Lilliput, c'est bon pour le rêve. Sur ton écran, tu règles la taille comme tu veux, et tu rêves. Mais cela ne te donne aucunement les moyens. Tu t'évades, tu sors du jeu, tu quittes le lieu du vrai : tes limites à aimer, à savourer du dedans, comme tu aimes te blottir dans les bras de ton grand amour.

S'en tenir au cheveu

Je suis équipé à l'ancienne, d'un baromètre à cheveu qui dit variable. Mon devenir se joue à un cheveu, c'est pour cela que le variable l'emporte sur le prévisible.

Dans l'histoire de l'univers tout entier, il semble bien aussi que tout se joue à tout moment à un cheveu. Très longtemps après, quand la partie s'achève, on repère ici ou là un coup de maître, et c'était dès le début, dans l'inconscience des débuts.

Je n'ai pas beaucoup de goût pour les prévisions, les prédictions.

À trop manipuler la boule de cristal, vient le moment où elle se brise.

Elle immobilise surtout. Car elle fascine. L'oracle est fascinant, les prédictions ont un pouvoir de fascination. Tu crois soudain tenir ton riche avenir entre tes mains.

Et tes mains sont alors trop pleines pour

saisir la pièce qui te fera manger à ta faim aujourd'hui. Car tu es pauvre, mais tu aurais voulu l'oublier.

Le quotidien le plus pauvre s'accroche souvent à de riches et lourdes idoles, qui nous broient le dos et nous entravent les mains.

Lâche tes prévisions, tes prédictions, tes assurances : c'est de t'y accrocher qui en fait des idoles.

Lâche, donne ce qui encombre déjà tes mains.

Tu voudrais tenir avant de donner ?

Donne avant même de tenir.

Promets.

Donne ta parole.

Accepte d'être lié par un cheveu, le cheveu de ta parole, de ta promesse.

La parole cadeau

La promesse ne peut commencer que là où s'arrête le prévisible. Bien sûr. La parole ne prend sa force qu'au-delà de ce qui est écrit. Au-delà de toutes les assurances, de tous les contrats, tu peux donner une parole, toute neuve, imprévue, un cadeau bien emballé, une surprise...

Tu peux la donner. Tu ne peux que la donner. Elle t'appartient pour la donner. Quand tu la tiens, déjà elle t'échappe.

Elle vole, elle semble légère, et presque inconsistante.

Oui, et pourtant c'est elle, par excellence, qui m'entraîne vers la liberté, en volant peut-être, en me décollant de la glaise fatale.

Cadeau, la parole ? Et le mensonge ? Il y a des emballages menteurs.

Oh oui !

Si c'est toi qui parles, tu fais l'emballage comme

tu veux. Tu multiplies ou non les papiers, les rubans, le scotch et la ficelle.

Et si c'est l'autre qui parle ? S'il a tout trop bien ficelé ?

Alors je le regarde : il a encore dans les yeux le reflet de ses emballages. Celui-ci est crédible et celui-là l'est moins, je le vois dans ses yeux.

Et moi aussi, quand je parle, j'ai tous mes emballages sur les yeux ?

Oui.

Tu n'y peux rien, c'est un problème de transparence. Tes yeux sont des sources qui sans cesse ramènent en surface ce qui se trame dans ton cœur. Et ton cœur, autant dire que c'est toute ta vie, toute ton histoire en fusion dans le réacteur nucléaire. Alors, il s'agit d'être crédible dans le réacteur.

Décanter la parole

C'est pourquoi il faut tant de silence pour préparer une vraie parole, un vrai cadeau. Le silence, c'est l'étang qui filtre le ruisseau : la transparence revient lentement quand on arrête d'agiter l'eau. Dans le silence, ta parole se décante.

Les bavards nous servent la parole à grands verres généreux, mais c'est une eau trouble, quand ce n'est pas de la boue.

Parole et silence se tiennent plus étroitement que l'arbre et son écorce. La parole sans le silence, ce serait de l'eau sans H2. Mais cette communion essentielle ne va pas de soi, je te l'accorde. Elle est peut-être la grande affaire d'une vie d'homme.

Essayer de tenir les deux ensemble, le plus étroitement possible, est peut-être ce qui a le plus fait bouger ma vie. Je ne suis pas au but, loin de là. Au mieux, on les accorde comme ses deux mains, coordonnées mais deux quand même, et je suis bien capable de taper avec l'une quand je caresse avec l'autre, d'avoir une parole qui dit non et un silence qui dit oui.

Je sais que je n'en aurai jamais fini d'harmoniser vraiment ces deux-là, mes deux mains, mon silence et ma parole. Comme un joueur de flûte et ses deux mains pour une seule musique. Deux mains, deux oreilles, deux poumons, une seule bouche, une seule musique enchantée.

La culture ambiante ne nous aide pas forcément à coordonner. Elle dissocie plutôt, elle te fait croire que la parole est la parole, et c'est tout. Et que le silence est l'absence de paroles, un vide, rien. Noir et blanc, zéro et un, régime digital à la façon des machines. Oubli du cœur.

Mais si le silence était ce vide, ce rien, nous y tomberions comme des pierres dans un puits.

Le tissu grossier

Le silence n'est pas un puits.

Il est là à l'horizontale.

Il habite la parole, chaîne et trame tissées ensemble, indissociables. Et la parole habite les silences, trame et chaîne d'un même tissu grossier.

Si tu commences à faire librement silence, tu vas voir, ça va parler du dedans comme jamais, du dedans et de partout, sans profondeur, à l'horizontale, un vrai capharnaüm au début, toujours... Peut-être voudras-tu fuir aussitôt, t'éloigner de cette bouche intérieure que tu ne connaissais pas, de ce reflux montant d'une bonde secrète soudain débouchée, de cette obscurité informe qui te noie parce qu'elle envahit et recouvre l'horizon. Mais il n'y a pas de tirette pour refermer la bonde !

Tentation de remettre tes écouteurs, de pousser la sono, de partir en courant, n'importe où...

Le silence est bon prince. Au moindre signe d'impatience, il décampe le premier. Tu reviens en surface. Tu te récupères.

Si tu acceptes de chercher du côté du silence, tu ne peux qu'écouter, laisser la rumeur de cette nappe remonter, et patiemment décanter. Après un temps, l'eau stagne, le filtre commence à agir, la nappe boueuse se met à baisser. Alors tu t'aventures en eaux plus claires. Tu distingues ici des rochers, là des anémones et des coraux, et là un poisson multicolore.

Moi aussi, la boue du dedans, j'aurais voulu ne pas la voir remonter. Faire comme si. Tenir bien propre la parole au-dehors, et nous en tenir là, bons amis.

J'aurais voulu être pur, une âme pure.

Mais l'unique tâche d'une âme, c'est de s'incarner, et pour s'incarner, il n'y a qu'une méthode, parler, parler de silences entremêlés, tisser une parole ébouriffée, à fils grossiers.

La fabrique

Viens, entrons à la fabrique, l'ancienne filature.

Là, c'est l'ourdissoir. On y prépare la chaîne.

Là, c'est la pièce aux écheveaux. Ici, on file et on bobine la laine, on fait les flûtes. Une mèche de trois brins pour ce fil précieux. Il y a aux murs des milliers d'écheveaux, des centaines de couleurs et de nuances, la laine mohair soyeuse la plus fine, et cette grosse laine naturelle qui sent le suint.

Et puis, là, c'est la salle des métiers. De grands métiers jacquards, avec le fouet et la navette, et même un métier automatisé.

Le bruit était saisissant, d'abord assourdissant. Mais là, près de sa mère en plein travail, tu voyais une gamine endormie. La lissière m'avait dit : ça les berce, rien de mieux quand un enfant résiste au sommeil.

Magie du rythme, des rythmes plutôt, avec

des changements incessants, des tempéraments, autant de rythmes que de lissiers, mais des rythmes toujours, une danse endiablée dans la salle des métiers, le tohu-bohu d'une nuit africaine.

Le septième enfant du soleil et de la lune est le Maître de la parole. C'est lui qui a inventé le métier à tisser et l'a donné aux hommes. La chaîne est faite de silence, toute de coton écru, solide, inaltérable. Les paroles font la trame : des millions de laines multicolores, avec des écheveaux, des bobines et des flûtes, tout un répertoire de mots, de phrases, et sous les fenêtres, la teinture, ses pigments, ses bacs et ses bassins, des langues à perte de vue…

Tu voudrais essayer ?

Ce n'est pas facile, avec les pieds actionner les marches, qui tirent sur les lisses, lesquelles écartent la chaîne, juste le temps d'y glisser la flûte ou d'y faire courir la navette, et aussitôt actionner l'autre marche… Non ! comment font-elles pour aller si vite ?

Trouver son rythme

Quand tu parles, tu as oublié l'apprentissage. C'est le métier qui tisse, et toi désormais, tu fais partie du métier. Le rythme prend le dessus et tout ton corps danse avec ton âme.

Mon père le soleil m'a appris son rythme. Ma mère la lune m'a appris son rythme. Mes grands frères et mes grandes sœurs m'ont enseigné le leur, j'ai commencé à trouver le mien.

C'est chose tout à fait personnelle que le rythme, bien plus qu'on ne l'imagine. Indispensable pour que le fil reste tendu et régulier, sans fléchir et sans casser.

Il arrive, pour bien des raisons, qu'on perde le rythme, le plus souvent parce qu'on ne l'a pas encore trouvé. On ne le trouve qu'à le chercher encore, obstinément et docilement, attentivement.

Perdre le rythme se fait de manière insensible, sans aucune conscience. Les yeux traînent ailleurs et les mains s'émoussent, le dos s'avachit. Travailler n'importe comment, en oubliant que le jour n'est pas la nuit, en méprisant les quartiers de lune et la ronde des étoiles. Hier et demain se confondent, les jours et les heures perdent leurs couleurs, le temps devient visqueux, les fils accrochent et décrochent, tu parles n'importe où, n'importe comment, comme un bouton-pression, à grands hoquets, comme une chasse d'eau. Ta parole se disloque, vilain tissage pour vilain usage. Obligé de baisser les prix.

Oui, bien sûr. Ta parole a du prix, grand prix.

C'est peut-être pour cela que tu n'as pas soigné suffisamment ton tissage. Tu ne savais plus très bien à qui l'offrir. La parole n'était plus un cadeau mais une corvée, et une corvée inutile en plus.

Tu n'aimais plus assez ta parole pour la donner ?

La maladie du rythme

Le rythme a ses pathologies. La plus grave est une maladie qui ressemble à la grande forme, à l'excellente santé.

Tout est si régulier que l'on ne soupçonne rien.

Mais le rythme de la machine a pris la place du tien. Tu t'es asservi à son rythme en croyant que c'était le tien. Le tissage se fait comme travaillerait un corps sans âme. C'est une belle mécanique, ce métier, mais tu dois rester aux commandes, maître à bord.

Tu as voulu accélérer les cadences, et tu y es arrivé. Tu as pris deux mois d'avance de tissage, tu as de telles réserves que tu dois souvent compter et recompter tes stocks. Tu as allumé les lumières pour travailler la nuit et tu as mis des rideaux opaques dans les réserves. Tu ne veux plus perdre de temps à choisir les couleurs. Tes sous-traitants le font. Tu t'es spécialisé dans ce qui se vend, une revue très chic t'avertit des tendances de la mode. Tu connais ton métier sur le bout des doigts. Ta parole est devenue machinale, mécanique. Du tac au tac, sans réplique. Tu réponds même avant qu'on t'interroge. Au-dedans, la machine est toujours plus bruyante, elle te scie les reins, mais tu n'entends plus rien.

Et puis, tout d'un coup, tu t'es arrêté de tisser. Crise locale. Retour des invendus. Trop d'avance. La belle machine s'est enrayée, coincée. Le spécialiste consulté t'a fait voir que le métier était au bord de la rupture. On t'a fait comprendre qu'il fallait changer de disque. Tu ne l'as pas supporté. Tu ne supportes pas davantage le silence dans lequel tu es tombé.

On a démonté le métier, posé ici l'ensouple et là le banc, ici les lisses en vrac comme des spaghettis, ça fait pitié.

Reprendre ? Comment reprendre ? Tout est cassé !

La mécanique est cassée, mais le vivant est là.

Le ronron de la fabrique

Retrouve le rythme du vivant !

Cela faisait longtemps que tu ne savais plus produire de vraie parole, de parole cadeau, une parole créatrice et donatrice. Si tu n'écoutais plus, tu ne pouvais plus parler pour de vrai. Tu aurais produit du tissu sans avoir mis de laine dans la navette, sans avoir monté la chaîne ?

Rien d'exceptionnel à cela. Une fois acquis le langage, quand on parle, on oublie complètement la fabrique. Chacun se l'approprie si bien, si naturellement et profondément, que son bruit tient lieu d'efficacité. Un doux ronron rythmé qui porte au sommeil, à l'engourdissement. On fait son métier de parlant sans plus.

Rappelle-toi. Retourne dans l'antichambre. Avant la salle des métiers, il y a la pièce aux écheveaux avec la réserve de laines, la cour des teinturiers, et puis l'ourdissoir, où l'on prépare la chaîne.

Ces deux pièces, ce sont tes deux oreilles, l'antichambre de ta bouche. L'une pour le silence, l'ourdissoir, l'autre pour écouter l'infinie richesse des mots, des langues, des personnes.

Quand le métier est au bord de la rupture, descends de ton banc, va refaire des provisions dans l'antichambre, filer, préparer les bobines, nettoyer, ranger, classer les laines. Dans la pièce aux écheveaux, émerveille-toi. Ce beau rouge, ce bleu soyeux, tout ce vocabulaire disponible. Écoute, choisis avec ton cœur. Non, toutes ces laines, toutes ces paroles ne sont pas égales ! Ouvre les fenêtres, regarde la cour. Va chez le teinturier, refais quelques achats, cherche la plus belle des laines.

La source de la parole n'est pas en toi. Écoute et lis, ouvre tes yeux et tes oreilles. Le monde entier se donne à déchiffrer.

L'ourdissoir

Surtout, ne néglige pas l'ourdissoir.

Sans chaîne, pas de trame qui tienne.

D'accord, c'est plus fastidieux de tourner cet étrange bâti de bois frêle sur lequel tu disposes patiemment des fils de coton. Pas de couleurs, rien que du blanc qui tourne en rond. Tous ces fils en parallèles, superposés, croisés, comme une immense bobine qui s'enroule doucement. Le petit grincement rythmé te tient en éveil.

As-tu déjà vu rebobiner un moteur ? C'est ton moteur que tu rebobines ici. De coton blanc ou de cuivre rose, un unique fil conducteur, le silence.

Donne autant de temps à l'ourdissage qu'au travail des couleurs. Si la pièce aux laines est la bibliothèque, l'ourdissoir est la page blanche du cahier.

À garder bien blanche.

C'est ici que tu gommes, que tu effaces, que tu filtres toute chose à l'eau claire du silence.

Le silence, c'est ton écoute même, poussée à bout, affinée, chercheuse. En tous lieux, même les plus bruyants, tu peux écouter, en tous lieux tu peux trouver le fil conducteur.

Le silence n'est pas un voleur qui s'enfuit au moindre bruit. C'est le propriétaire du château. Un prince. Il n'a pas besoin de partir. Il descend d'un étage, monte dans une tour. Il est toujours là, mais tu ne le sais pas, car c'est un vrai dédale, un labyrinthe. Laisse courir ton fil blanc derrière toi pour arpenter le château du silence.

Le silence te vide, t'évide, t'épure.

Évide-toi jusqu'à l'évidence.

Jusqu'à la plus parfaite transparence.

Jusqu'à te laisser traverser de lumière.

Les deux horloges

Il y a deux horloges.

Il y a la mécanique et puis l'organique.

L'une visible, qui fait tic tac et qui sonne, solide, imperturbable, mais somme toute assez creuse, inintelligente.

L'autre sensible et vulnérable, ô combien, mais intérieure et silencieuse, pleine de sagesse.

Beaucoup s'imaginent qu'il n'y a qu'une seule horloge, « objective », disent-ils, un seul temps universel, générant un même tempo pour toutes choses.

Non ! L'horloge vivante n'a pas de part aux rythmes techniciens. Ce serait le pot de terre contre le pot de fer.

Comment concilier ces deux rythmes, l'accélération ininterrompue des machines, phénoménale, inimaginable, et la résistance obstinée du vivant, son besoin de sommeil et de pauses, sa rumination, les cycles lunaires et les saisons, les neuf mois d'une grossesse ?

Au début, tu crois maîtriser la machine, tu la règles et tu la cales. Et puis la machine t'impose ses horaires, ses cadences. C'est elle qui te maîtrise à la fin.

Tu veux revivre ? Retrouve les rythmes du vivant.

Germe avec la lentille sur le coton. Réapprends à grandir doucement. Lève-toi avec l'aurore. Marche surtout. Marche pieds nus dans l'herbe le matin. Dors avec la nuit. Si tu étouffes l'été dans ta chambre, va t'étendre dans le pré, regarde le ciel qui scintille.

Au-dedans de moi, non pas un, mais une cascade de rythmes subtils : ma respiration, mon cœur qui bat, ma digestion, mon cerveau et ses milliards de synapses qui scintillent.

Je te l'ai dit, à chaque vivant son rythme propre, indicible.

Les normes de l'incommensurable

La vie vivante ! Une coordination incroyable de rythmes subtils et sensibles, que les techniques n'abordent qu'à grand-peine et à très gros sabots. Ce temps-là défie la mesure.

L'extrême lenteur de son évolution agace, comparée au vertige du progrès technologique. Alors, ils ont trouvé l'astuce, chez les mécaniciens en costard-cravate, pour maîtriser quand même l'incommensurable. Et ça marche. La statistique. On prend un grand nombre de vivants, un très grand troupeau, on trie, on fait des moyennes, on écrête… et on décrète : voici la norme.

Norma ! L'Idole.

Avant, on élaborait lentement des décrets et des lois, avec un gros appareil de contrôle, de police, de justice et de sanctions. Beaucoup trop de personnel !

Maintenant, on publie des normes. C'est plus

efficace. Parce qu'une fois la norme édictée, la sanction tombe toute seule, chacun se l'inflige tout seul et sans attendre. « Puisque, scientifiquement, six heures cinquante de sommeil suffisent à un homme normal. »

La norme ne frappe pas de l'extérieur, elle te pique à l'intérieur. Est-ce que je suis normal ? Est-ce que je suis bien ? Mieux ? Dans les meilleurs ? Tu te compares. Tu te conformes. C'est toi qui t'infliges ton châtiment. « Puisque, avec cette gélule, six heures trente suffisent désormais... » Au passage, quelques gélules, une prothèse, un peu de mécanique pour ramener la vie à la nouvelle norme.

Plus elle gagne de terrain, la norme, et plus le hors-norme paraît passionnant. Les gens normaux ont besoin de sensations énormes pour compenser la monotonie de leur vie normée. Triste compensation pour les âmes atrophiées, anormalement mesurables et mesurées.

Juste un souffle parfumé

Âme sœur, tu me suis ?

Retourne, je n'ai rien dit, je n'ai rien fait. Moi aussi, je m'en retourne dans mon trou de souris. Ce que j'avais à te dire, je te l'ai dit. Ne compte pas sur moi pour faire le singe savant au milieu des bateleurs, pour jouer au prophète à la cour de tes princes. Que les rois de la fête claquent des doigts, appuient sur les boutons, que les jongleurs fassent leurs tours, leurs cabrioles. Est-ce qu'ils n'ont pas assez de fous pour leurs fêtes ?

Parfois, je m'y laisse prendre moi aussi, tu sais, je suis bon public. J'aime rire, et j'aime rêver. Toutes les techniques m'épatent le premier. Il y a quelque chose à en tirer, c'est sûr. Mon grand-père était chercheur, chimiste, et moi aussi, j'aurais aimé le laboratoire, les cornues, les expériences. J'aime les ponts, les viaducs vertigineux, et les films où l'on rêve, Maître Yoda ou les plaines du Mordor…

Mais, pour que vive mon âme, j'ai besoin surtout de mon trou de souris, de ma galerie de ronge-bois.

Tu voudrais savoir quel livre acheter pour aller plus loin ? Tu trouves cela intéressant ?

Malheureuse ! Tu crois donc qu'une âme peut acheter quoi que ce soit ? Il n'y a pas de monnaie au pays des âmes. Il n'y a pas d'intérêt non plus. Aucun intérêt. Rien à acheter, rien à vendre. Elles savent à peine donner, les âmes ! Elles mendient seulement à longueur de journée, sur le passage des grandes personnes qui s'empressent. Elles respirent seulement.

Peut-être, ce faisant, transpirent-elles chacune subtilement. Quand tu passes, tu perçois un très léger parfum, une odeur fugace. Oh ! ça ne dure pas, mais pour quelques secondes, cela t'a fait tourner la tête.

Le parfum des âmes

Peux-tu imaginer un parfum qui ne se donnerait pas ? Un parfum clos, « Coffre-fort n° 7 » ? Une fleur à l'odeur privée ? Une fragrance à accès réservé, sur présentation de la carte de membre ?

Une seule disposition requise, la proximité.

Nécessité de s'approcher.

Très près, dans le cou, sur la peau.

Je veux connaître l'odeur de mon bien-aimé, le souffle vermeil de ma bien-aimée.

L'odeur n'est là qu'au moment où je m'approche, dans l'approche même, et puis elle disparaît, impossédable. Aucune possession n'est efficace au royaume des odeurs. Elle reviendra quand je reviendrai, quand je m'approcherai à nouveau avec une âme de mendiant.

Rien n'est si aimable que la liberté de mon bien-aimé.

Le parfum de son âme m'a ravi. Il m'a capturé

par une boucle d'encens, une volute invisible qui m'enivre. « Reviens, retourne à la montagne et reviens encore. »

Ma bien-aimée s'approche, parée de ses plus beaux atours, de ses colliers, de ses bracelets. J'aime mieux toucher son bras que ses bracelets, j'aime mieux apercevoir son cou que contempler ses colliers. Et pourtant, si elle n'avait voilé sa beauté nue d'une beauté nouvelle et factice, superflue, mon désir n'aurait pas su l'approcher. Cette beauté seconde a ménagé pour moi un chemin d'accès à son pays étranger, au-delà des collines. Elle a disposé un treillage pour que je puisse y guetter. Autour de sa maison, elle a fait pousser un jardin pour que nous allions y reposer. Qu'il est rafraîchissant, le chemin qui mène à sa fontaine.

Aime l'approche, la rive, la frontière. Tout commence avec la pudeur.

L'odeur du monstre

Je te parle de parfums, d'odeurs subtiles, et je sais comme toi que nous, les humains, nous sommes complètement nuls en ce domaine olfactif. Bons derniers du règne animal. Aucun enseignement, jamais d'exercices, simplifications grossières : ça sent bon, ça sent pas bon. Nuls !

On ne sait que taper sur une odeur avec une autre, à grands coups de bombes, sans aucun scrupule. Et l'air des appartements est saturé de conflits, d'alliances contre nature : aisselles-vétiver, sardines à la rose, jasmin-frites, frangipanier-graisse de vidange-reblochon, ammoniac à l'amande douce…

Comment pourrions-nous en être indemnes ?

Il me semble que j'aime les odeurs pour elles-mêmes, même les plus âpres.

Quand, à la fin d'une très longue journée de route, nous arrivions à la villa, après avoir crié, médusés, en apercevant ici ou là au détour des derniers kilomètres, une brèche d'océan, un bout de plage, quand la voiture s'engageait enfin dans l'allée entre les tamaris qui griffaient doucement la carrosserie, et débouchait sur la terrasse, tournait devant le portail, faisant crisser le gravier, et là, dans la cour, quand les portes de la voiture s'ouvraient enfin, l'odeur omniprésente de la marée basse me sonnait, acide et sucrée, puante aussi, totale.

Je me ruais sur le mur de la terrasse, regardant les rochers à perte de vue, la mare et les flaques à contre-jour, la mer au loin, l'île Dumet, cherchant à entendre la bouée des Baïonnelles, humant à grandes bouffées le monstre tapi si près de nous maintenant, et son odeur puissante attirante et repoussante, chargée de crabes morts et d'algues pourries. Je l'aimais tant. Je l'avais dans la peau. Je m'allongeais sur le dos du grand mur salé et déposais furtivement un baiser sur son cou.

Au fond du jardin

Et puis je rejoignais les autres dans le hall, la bouche sableuse déjà, pour embrasser grand-maman, grand-papa, tante Guite et tante Mimi.

Le hall avait son odeur propre de salpêtre et de filets de pêche. C'était une ancienne serre assez vaste dont le côté mer avait été renforcé par de solides fenêtres à meneaux de ciment, mais qui restait toute fragile et dégingandée du côté du jardin, plongeant dans les giroflées et les yuccas, sous le cupressus, dans les fusains épais qui entouraient et cachaient presque totalement un petit bassin.

Au vent, sous le vent. Il y avait toujours un côté pour se protéger, un côté pour s'exposer.

Dans le jardin touffu, on ne voyait rien que les allées qui faisaient un rond entre des arbres et des murs. Près de la cuisine, tante Guite piochottait le matin un maigre carré de légumes et de fleurs. La terre sableuse était légère, mais pas généreuse. Elle arrosait avec l'eau de la tonne à l'angle de la maison, qui recevait la pluie des toitures, et le figuier se courbait près de la tonne. C'est quinze ou vingt ans plus tard que j'ai identifié l'odeur sucrée du figuier, très loin de là, dans le Midi. Envoûtement.

J'aimais les WC de planches du jardin derrière le hall, avec son banc de bois, le couvercle en émail sur le grand trou rond et son bruit mat, de matières et de papier journal. On ne parlait pas encore de tout-à-l'égout. Il s'y mêlait la résine des grands arbres, la lumière dorée verte qui fusait du jardin, au-dessus et en dessous de la porte.

Une fois, tante Guite s'étant trouvée mal, j'avais entendu : « Les sels, apportez les sels ! » Je me demandais s'il s'agissait des « selles », le mot poli pour ces choses-là. Oui, il y avait là des odeurs de vie capables de réveiller les âmes mourantes.

Une Taunus grise

Te rappelles-tu, mon frère, et toi, ma sœur, l'odeur de la Taunus grise à deux lourdes portes, quand nous étions sur la banquette arrière, où il y avait beaucoup de place encore, pour nous et toutes sortes d'affaires, et les deux seaux, l'orange et le vert.

Il y avait eu la 4 CV de Maman à Paris et puis la traction, mais la Taunus était la première voiture que Papa avait pu acheter neuve, et il nous avait emmenés un soir au garage fièrement, pour la voir. L'odeur de neuf a été forte, longtemps. C'était une Ford, solide comme les Américains, disait Papa, heureux de cette solide solidarité encore un peu guerrière, bien que ce soit une voiture allemande. C'était la « Douze M », qui avait roulé sans s'arrêter sur un circuit 365 000 kilomètres, record du monde !

549 KX 54. Facile à retenir, cinq et quatre

neuf, KX, deux belles lettres assez rares, cinq et quatre, cinquante-quatre, Meurthe et Moselle et mon année de naissance ! Moi aussi, j'étais fier.

Avant, quand Papa nous conduisait à l'école en traction, je préférais qu'il me dépose au coin de la rue, parce que les autres ricanaient de la traction. Eux, ils avaient des DS et des 404. La traction, c'était la dernière guerre !

C'est vrai qu'il ne faisait pas chaud, dans la traction, l'hiver, il y avait des couvertures à l'arrière, pour mettre sur les jambes.

La Taunus, elle, elle avait le chauffage ! Mais le chauffage sentait fort, et ça nous rendait malades, parce que, à l'arrière, on ne pouvait pas ouvrir les fenêtres, juste un petit becquet d'air. « C'est pour la sécurité », disait Maman. Les deux portes, c'était aussi la sécurité pour les enfants.

Je me demande si ce n'est pas l'odeur du neuf et de la sécurité qui, aujourd'hui comme hier, rend malade.

Trouvé dans une poubelle

Un jour, dans la Taunus, en voyage, j'étais sur la droite, derrière Maman, et nous nous sommes disputés tous les trois. Je ne sais pas ce qui avait provoqué la dispute, mais vous vous étiez ligués tous les deux contre moi.

Par l'âge, je suis entre vous deux. Je suis né à l'automne, et vous au printemps, jumeaux à un jour près, à six ans d'écart. Vous avez les beaux cheveux denses de Papa et de bons yeux, et moi, trois épis grêles raides comme des baguettes et de gros verres de lunettes.

Alors vous m'avez dit : « Toi, d'abord, regarde-toi ! On t'a trouvé dans une poubelle ! » Ah ! c'était insupportable ! Je vous ai renvoyé l'insulte. Est-ce que j'ai tiré des cheveux ? Est-ce que j'ai pleuré ? Des cris sûrement. C'est l'adulte qui s'attendrit aujourd'hui, mais l'enfant, lui, était seulement plein de colère.

Maman s'est retournée – il n'y avait pas

entre nous d'appuis-tête gênants comme aujourd'hui –, et elle a dit bien fort en nous regardant tous les trois, sur un ton qui n'admettait aucune réplique : « Vous êtes tous les trois les enfants de l'amour. »

Papa n'a rien dit. Mais je sentais qu'il était tout à fait d'accord avec ce qu'avait dit Maman. Il était très humble.

Révélation.

Moi, avec mes épis et mes lunettes, j'étais un enfant de l'amour.

Quelle destinée ! Un enfant de l'amour !

Ce jour-là, Maman m'a transmis la parole, et Papa m'a transmis le silence.

Les clés de ma fabrique.

Mon âme a poussé un gros soupir : un bébé qui s'éveille.

Entre nous

Âme sœur, le temps est venu de tourner ensemble la dernière page.

Si tu ne m'avais prêté l'oreille, comment aurais-je pu entendre moi-même ce soupir ?

Si tu ne m'avais tendu l'oreille, comment serais-je retourné si loin, jusqu'au parfum oublié, sous les algues pourrissantes, au fond d'une poubelle, si près de ma propre naissance ?

Tu trouves cela bien prosaïque.

Moi aussi, j'en suis étonné, mais mon âme est née comme toute autre, parmi les langes et les pleurs. Aucune princesse, aucun roi n'a d'autre commencement dans la vie.

La route a été longue.

Tu m'as pris la main, et nous sommes allés, par les bois, par les champs, près des rivières et de la grande mer, jusqu'aux endroits les plus introuvables de ma mémoire.

Âme sœur

Nous avons cueilli des brassées de fleurs, des bouquets d'une heure, rien qui tienne bien longtemps. Nous avons distillé ensemble quelques heures de temps, ce temps qui fait s'évanouir toute chose. Nous avons regardé fuser un peu d'eau de vie.

Cela n'a servi à rien. Avoir une âme ne sert à rien.

Si. À apprendre à sourire.

Le sourire non plus ne sert à rien.

Oui, mais sans lui, la vie alors ne sert à rien.

Les âmes s'éveillent les unes les autres dans le sourire qui leur monte au visage, après avoir perdu la face les unes devant les autres.

Rappelle-toi : toutes les âmes sont sœurs.

Elle n'est que là, la vie : entre nous.

Table

Perdu la clé 9
Endeuillé d'oubli 11
Le désir et le téléphérique 13
Une assiette de cerises 15
Le voile de tulle 17
Le fil de l'araignée 19
Jean-Sommeil 21
Le nuage de « baouettes » 23
Les trains de l'urgence 25
Coloriage 27
Le chemin de la fontaine 29
Le silence ensaché 31
Le vermisseau nourrisson 33
La vaste demeure dévastée 35
Chasser les reflets 37
La « septdouzune » 39
De la gamme à la mélodie 41
L'âme micropore 43
Découvrement 45

Âme sœur

Le lézard et la fourmi 47
Régime allégé 49
Le continent perdu 51
Coupé en deux 53
Le bateleur 55
L'univers sablier 57
Les octets morts 59
Les chevaliers de la mémoire 61
Choisir ou vomir 63
Le jeu du possible 65
Le scribe et le chasseur 67
Caresse de la présence 69
Échange des consentements 71
Lamentable 73
Mendiant aveugle 75
La grotte 77
Un galet poli 79
Le p'tit cou 81
La bonne maille 83
Les bras du grand amour 85
S'en tenir au cheveu 87
La parole cadeau 89
Décanter la parole 91
Le tissu grossier 93
La fabrique 95
Trouver son rythme 97
La maladie du rythme 99
Le ronron de la fabrique 101
L'ourdissoir 103

Âme sœur

Les deux horloges 105
Les normes de l'incommensurable 107
Juste un souffle parfumé 109
Le parfum des âmes 111
L'odeur du monstre 113
Au fond du jardin 115
Une Taunus grise 117
Trouvé dans une poubelle 119
Entre nous 121

Composition : Nord Compo
Impression : CPI Bussière en décembre 2018
Éditions Albin Michel
22, rue Huyghens, 75014 Paris
www.albin-michel.fr
ISBN : 978-2-226-44037-2
N° d'édition : 23363/01. N° d'impression : 2039170
Dépôt légal : janvier 2019
Imprimé en France